世界一細かすぎる筋トレ／ストレッチ図鑑

日本体育大学教授
現役ボディビルダー
岡田隆

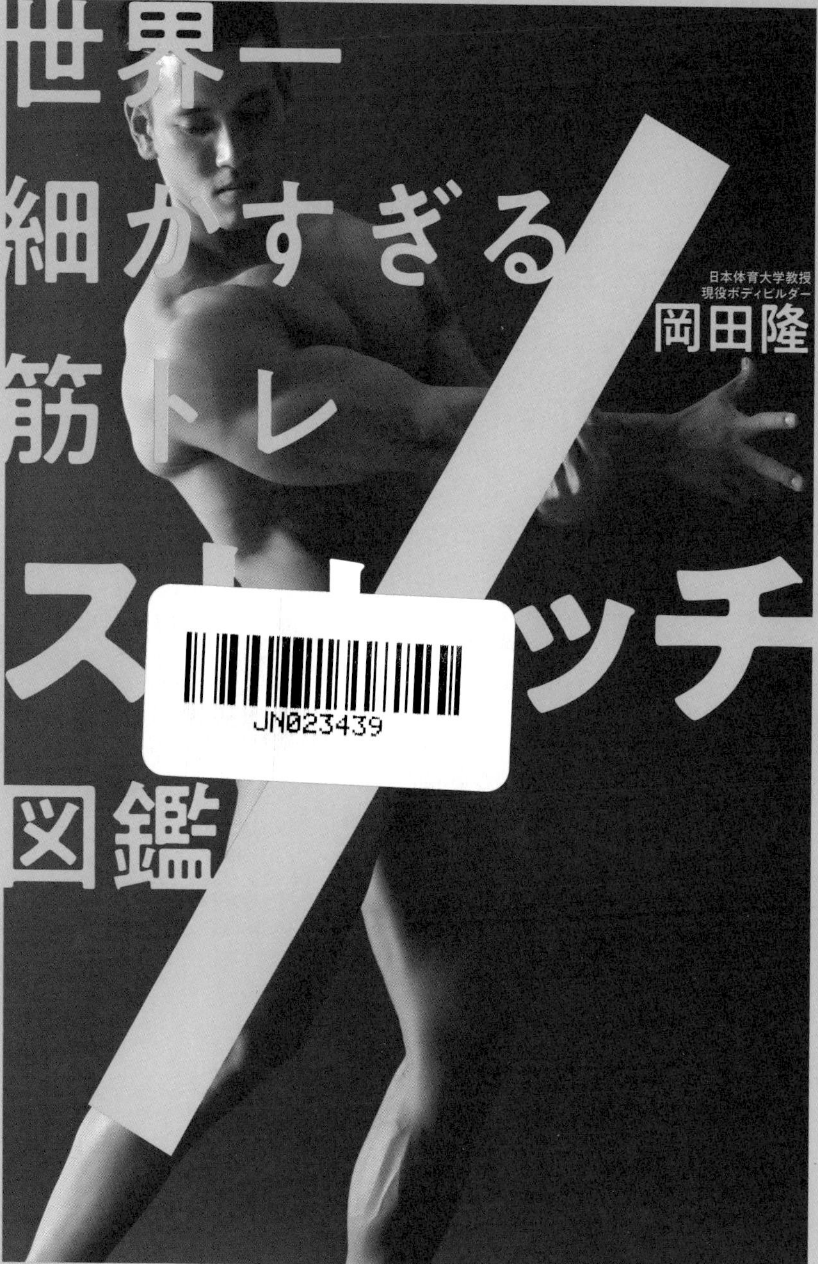

ボディメイクにおける最後の扉、それがストレッチ

ジムに行くと、ストレッチをせずにトレーニングを行う人を見かけます。トレーニングは丁寧に、高重量で追い込む経験者にもかかわらず、ストレッチには多くの時間をかけない人もいるようです。ボディメイク関連のインフルエンサーのSNSやYouTubeを見ても、ストレッチ関連のコンテンツは、トレーニングと比べると少ない印象です。

なぜこのような現象が生じているのか。そこにはトレーニングの"面白さ"が関係しているのかもしれません。トレーニングにも、ポジションや角度、意識の向け方など、細かなテクニックは数多くありますが、実際にはそこまで緻密に行わなくても、一定の効果を出すことはできます。初心者ががむしゃらに筋トレをしても、筋肥大やパンプアップは感じることでしょう。気軽に取り組み、ある程度成長できる醍醐味が、筋トレブームの根底にあるのです。

しかし、あるレベルに達すると、筋肥大という成長はストップします。さらに先に進む上で必要になるのは、重量やレップ数の増加はもちろん、新たな種目の導入、細かなテクニックなどです。そし

て同時に、必要に応じた栄養摂取も欠かせません。そうしたニーズに最大限応えたいと、これまで拙著『世界一細かすぎる筋トレ図鑑』『世界一細かすぎる筋トレ栄養事典』を上梓してきました。

この2冊では、運動と栄養を扱ったわけですが、さらなる成長に向け大切になる要素が、ストレッチや休養です。たしかに、筋肉を進化させ続けるためには、重量やレップ数を伸ばすことは非常に重要です。しかし、こうした"量的な"向上は、関節への負担、精神的ストレス、心臓へのダメージなど、多くの弊害を伴うのも事実。最悪の場合、やめてしまう人もいます。では、他に道はないのでしょうか……。そこで新たな扉を開いてくれるのが、ストレッチなのです。

実際に私はボディビルダーとして、ストレッチを重視したアプローチを長年続けることにより、結果を高めることができました。「やり込んできたお馴染みの種目でも、こう効くのか！」という驚きや発見もたくさん体験してきました。そして研究者として現在、柔軟性とトレーニング効果の関係性にもアプローチしています。

一連の活動の中で、"前作までのシリーズ同様、「細かすぎる"完全版としてストレッチを扱いたい」という思いから、本書は生まれました。ボディメイクの各目的に合わせ、できるだけ多くの種目を、理論と共に紹介しています。ぜひ本書を起爆剤に、眠れるトレーニング効果を覚醒させ、あなたが描くゴールへと最速で辿り着いてください。

岡田　隆

人間は、柔らかく生まれ、硬くなって死んでいく

ストレッチがカラダの柔軟性を高めることは周知の通りですが、そもそもなぜ、柔軟性は大切なのでしょうか。　皆さん、ご自身の経験を思い出してください。

私たちは赤ちゃんだった頃、非常に柔らかいカラダを持っていました。　子どもを育てたことがある人、遊んだことがある人であれば、誰でもおわかりになるはずです。　一方、高齢者をよく観察してみてください。赤ちゃんと比べると、明らかに柔軟性は減っていますよね。

この加齢に伴う "柔らかい" から "硬い" への変化は、一夜にして起こるわけではありません。日々刻々と進行しています。　長い人生の中では、節目節目でその兆候が顕在化します。　腕が思うように上がらなくなった中高年、背中や腰が丸まってしまった高齢者の方々は、その一例です。**私たち人間は、柔らかく生ま**

4

れ、**硬くなって死んでいくの**ですね。

これは筋肉の宿命といってもよいでしょう。筋肉は日々硬さを形成し、柔らかさを失っていく。1日の中で考えても同様で、例えば終日猫背でデスクワークに励んだ日には、後方へカラダを反らしにくくなっているはずです。ケガの後にギプスを外すと一気に硬くなっているのも、同じメカニズム。そこでカラダを休めたり、伸ばしたりすると、柔軟性が回復していきます。つまり私たちの筋肉は、「**3歩進んで、2歩下がる**」ようなペースで、「**硬くなる**」→「**柔らかくなる**」を繰り返しながら、長期的にゆっくりと硬くなっているのです。

この大原則に抗うことができるのが、運動、特に**ストレッチ**です。何歳になってもアクティブに動くことができる高齢者がいますが、そうした方々は長い人生の中で、**適度に柔軟性を保ち続ける**ことができた結果だといえるでしょう。

人間のカラダは、伸ばさなければ硬くなるのみ！

筋トレの精度を上げろ！「可動域」が筋肥大にブーストをかける！

最大伸張・最大収縮の拡大が、種目別トレーニングの前提

筋トレに励む人がストレッチをする理由は多岐にわたりますが、最大のポイントは筋肉の〝可動域〟です。広い可動域とは柔軟性そのものであり、生涯にわたり健康に動きつづけることを可能にしてくれます。そして何より、**ボディメイクにおけるトレーニング効果を最大化できる**のです。

筋肉の運動は「伸ばす」と「縮める」の繰り返しであり、その範囲はトレーニング効果に影響します。広い可動域は最大伸張・最大収縮の幅を大きくするため、各トレーニングにおける仕事量を1レップ単位で飛躍的に高めてくれるわけです。

「そこまで可動域にこだわらなくても、重量やレップ数で仕事量を増やせばいいのでは？」と思う方もいるかもしれません。しかし筋肉は「特異性の原理」により、**使った可動域が強化**されます。

6

またボディメイクにおいては、最大伸張・最大収縮の両方に刺激を与えることが効果的であり、各ポジションによって使われる筋線維が変わるとも考えられています。可動域が5度広がるだけで、これまで刺激されていなかった筋線維が動員され、さらなる筋肥大が起こる可能性を秘めているということです。

この考えに基づくのが「POF（ポジション・オブ・フレクション）法」です。トレーニング種目をPOF法により細かく分けることは効果的ですが、その質の向上は、広い可動域が前提となっています。また、特に最大伸張を狙う「ストレッチ種目」では、ケガのリスクも伴うため、ストレッチは安全性においても有効です。さらに、そもそも可動域が足りなければ行えない種目もあります。フルボトム・スクワットでしゃがみきれないのが典型例でしょう。ストレッチが筋肥大につながるのは、解剖学・生理学的な理由があるのです。

にもブーストをかける！

休養（睡眠・トレオフの日）

「運動」と「栄養」に並ぶ三大要素はストレッチが増幅させる「休養」

「世界一細かすぎる」シリーズでは、これまで筋トレと栄養について扱いました。ボディメイクにおいて、運動、栄養と並ぶ三大要素が、**休養**です。この3つがうまくリンクすることで、筋肥大にブーストをかけることができます。

休養において最も重要なのは、**睡眠**でしょう。ただし、寝るだけで十分な休養がとれるかというと、そうではありません。睡眠が大切なのは、筋肉をはじめさまざまな組織の回復が促されるからです。その回復は、筋肉がこわばっている状態だと、血液が流れ込みにくくなり、最大化しません。

こわばりを弛緩させ、リラクセーションの効果を与える点に、ストレッチのメリットはあります。そして、筋肉を緩めることにより、交感神経の活動が抑えられ、回復が

促進されることも大きなメリットです。

ストレッチの弛緩効果は、睡眠以外にも及びます。筋肉は、運動をしている時間以外は休んでいることになりますが、その時間帯の休養効果を高めるには、ストレッチで筋肉を緩めることが役立ちます。そして十分な回復を経た筋肉は、次のトレーニングで最大限の力を発揮してくれるでしょう。

ストレッチを省略してしまうという人も多いですが、本当にもったいないことです。休養の影響は、運動や食事と比べると見えづらいのかもしれません。しかし、「どこか動かしにくい」というように、**気づかないレベルでパフォーマンスを落としている**のは間違いありません。

「得意ではないからあまりやっていなかった種目」も、硬さによる動かしにくさが原因である
ことも多々あります。ぜひもう一度、三大要素のバランスを見直してみてください。

9

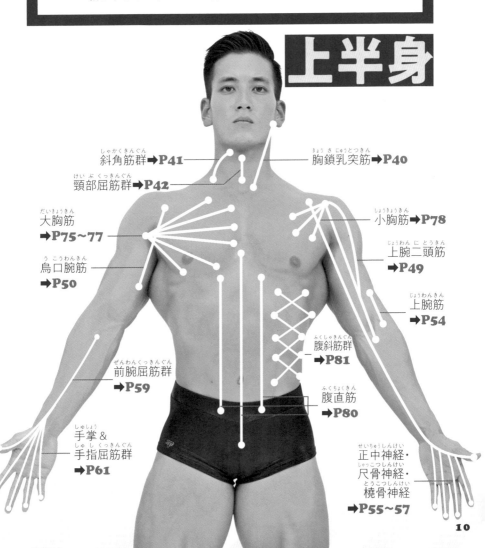

ストレッチの精度が上がる

筋肉のつながり

ざっくり→ **MAP**

筋肉は、どこからどこへ向かってついているのか!?
筋肉が付着している方向を理解すれば、より効果的に伸ばすことができる!
細かすぎるストレッチで眠っている可動域を掘り起こせ!

上半身

斜角筋群（しゃかくきんぐん）➡**P41**

頸部屈筋群（けいぶくっきんぐん）➡**P42**

胸鎖乳突筋（きょうさにゅうとつきん）➡**P40**

大胸筋（だいきょうきん）➡**P75～77**

烏口腕筋（うこうわんきん）➡**P50**

小胸筋（しょうきょうきん）➡**P78**

上腕二頭筋（じょうわんにとうきん）➡**P49**

上腕筋（じょうわんきん）➡**P54**

腹斜筋群（ふくしゃきんぐん）➡**P81**

前腕屈筋群（ぜんわんくっきんぐん）➡**P59**

腹直筋（ふくちょくきん）➡**P80**

手掌（しゅしょう）＆
手指屈筋群（しゅしくっきんぐん）➡**P61**

正中神経（せいちゅうしんけい）・
尺骨神経（しゃっこつしんけい）・
橈骨神経（とうこつしんけい）➡**P55～57**

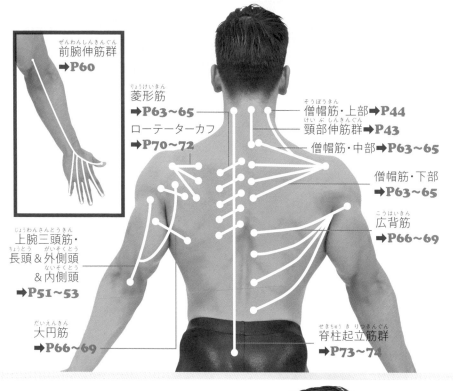

前腕伸筋群
➡P60

菱形筋
➡P63〜65

ローテーターカフ
➡P70〜72

上腕三頭筋・
長頭＆外側頭
＆内側頭
➡P51〜53

大円筋
➡P66〜69

僧帽筋・上部➡P44

頸部伸筋群➡P43

僧帽筋・中部➡P63〜65

僧帽筋・下部
➡P63〜65

広背筋
➡P66〜69

脊柱起立筋群
➡P73〜74

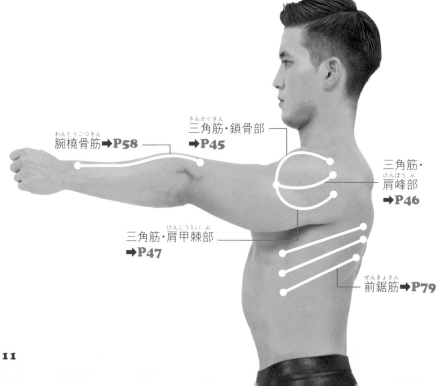

腕橈骨筋➡P58

三角筋・鎖骨部
➡P45

三角筋・
肩峰部
➡P46

三角筋・肩甲棘部
➡P47

前鋸筋➡P79

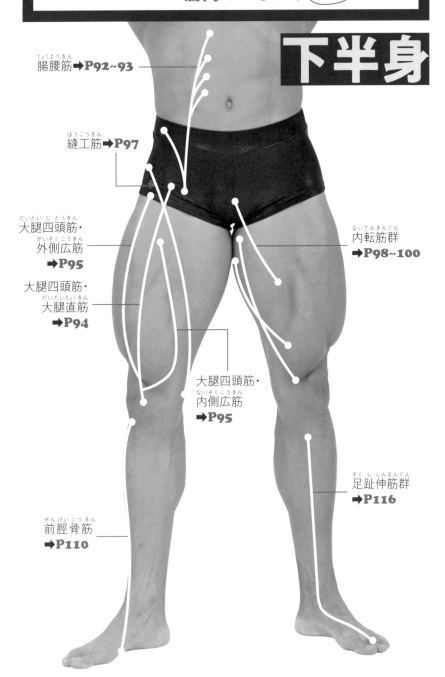

下半身

腸腰筋➡P92~93
<small>ちょうようきん</small>

縫工筋➡P97
<small>ほうこうきん</small>

大腿四頭筋・外側広筋➡P95
<small>だいたいしとうきん・がいそくこうきん</small>

大腿四頭筋・大腿直筋➡P94
<small>だいたいしとうきん・だいたいちょくきん</small>

大腿四頭筋・内側広筋➡P95
<small>だいたいしとうきん・ないそくこうきん</small>

前脛骨筋➡P110
<small>ぜんけいこつきん</small>

内転筋群➡P98~100
<small>ないてんきんぐん</small>

足趾伸筋群➡P116
<small>そくししんきんぐん</small>

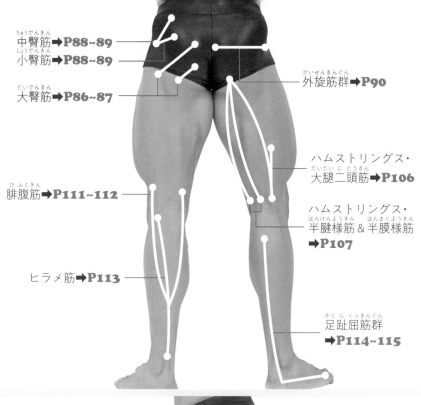

中臀筋 ➡P88~89

小臀筋 ➡P88~89

大臀筋 ➡P86~87

外旋筋群 ➡P90

ハムストリングス・
大腿二頭筋 ➡P106

腓腹筋 ➡P111~112

ハムストリングス・
半腱様筋 & 半膜様筋
➡P107

ヒラメ筋 ➡P113

足趾屈筋群
➡P114~115

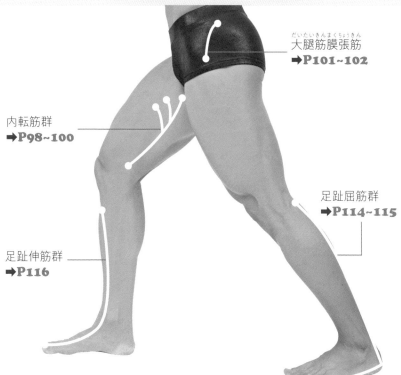

大腿筋膜張筋
➡P101~102

内転筋群
➡P98~100

足趾屈筋群
➡P114~115

足趾伸筋群
➡P116

目次
CONTENTS

PART 03

部位別ストレッチ図鑑
下半身

PART 04 トレーニング別「必須可動域」ストレッチ図鑑

トレーニング別ストレッチ図鑑 ▷獲得した可動域をトレーニング動作に慣らす！ ── 118

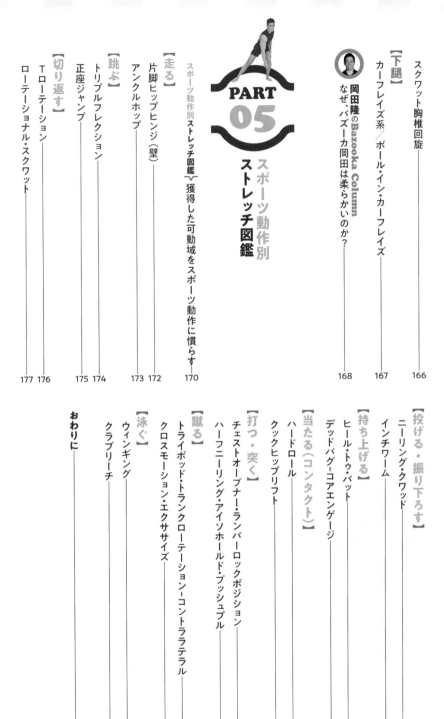

PART 01

ボディメイクに「ストレッチは不要」だと「勘違い」していないか?

筋肉が筋肉の邪魔をする!?
極めきれないのは「可動域」のせい!

美味しい可動域を逃すな!

筋肥大効果を高めるのはもちろん、筋肉の形を整えるために有効な考え方が、「POF（ポジション・オブ・フレクション）」です。トレーニングの動作時、負荷が最大化するのが可動域の真ん中にあたる「ミッドレンジ種目」、最大伸張時の「ストレッチ種目」、最大収縮時の「コントラクト種目」に分けて行う方法で、多くのトレーニーが取り組んでいます。

しかしこのPOF、"伸ばしきる""縮ませきる"ことがあってのものですから、効果が可動域に大きく左右されます。問題になるのは、ストレッチ種目とコントラクト種目です。ストレッチ種目では、関節の動きが硬くなることで、筋肉を伸ばしきれなくなることが主な問題。

コントラクト種目では、曲げきる時に筋肉などの組織がぶつかり、縮ませきれないことが効果減退の主な原因です。最大伸張・収縮の"美味しい可動域"を取りこぼすことで、刺激は弱くなり、せっかくのトレーニング効果が薄れてしまうわけです。

ここでいう「組織」とは、筋肉や脂肪、皮膚、血管、末梢神経などを指し、「軟部組織」と呼ばれます。腰やひざのこわばりが冬と夏で違うのは、軟部組織が温まることで柔らかくなり、うまく潰れてくれるからです。

ストレッチには、関節や軟部組織をほぐしてくれる役割があります。元来、ストレッチは筋肉を伸ばすことが目的なのですが、それにとどまらず筋肉以外のさまざまな組織に対し、一つ一つ丁寧にアプローチすることが、効果を最大化するために重要なのです。

"硬さ"がトレーニングの"極め"を甘くする!?

例えばストレッチ種目である「フルボトム・スクワット」では、股関節の屈曲や足関節の背屈における可動域が足りないと、十分にしゃがみ込むことができない。これでは最大伸張にならないため、ミッドレンジ種目である「フルスクワット」と変わらなくなってしまう。

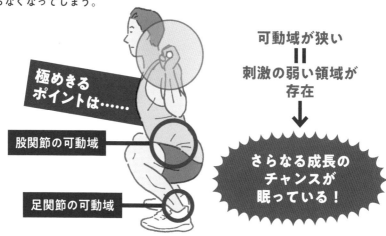

極めきる
ポイントは……

股関節の可動域

足関節の可動域

可動域が狭い
＝
刺激の弱い領域が
存在
↓

さらなる成長の
チャンスが
眠っている！

最大収縮&最大伸張を邪魔するもの

"美味しい可動域"を制限する要因はさまざまだ。関節や筋肉そのものはもちろん、筋膜や腱などの「結合組織」、筋肉の一部が固まる「硬結」、筋肉痛やケガなどが挙げられる。次頁以降で詳しく見ていこう。

さまざまな因子が可動域の妨げになる！

筋肉痛　神経のつながり　筋肉の硬さ　可動域　関節の硬さ　結合組織の硬さ　瘢痕組織　硬結

生涯ストレッチが必要？ カラダが硬くなるメカニズム

可動域を狭める原因を特定せよ

カラダが硬くなり、可動域が狭まってしまう現象には、多くのメカニズムが関わっています。

まず、**「筋緊張」**です。いわゆる「力が入った状態」であり、無意識に起こっているのが特徴です。ストレッチ効果そのものを大幅に下げてしまうため、脱力はすべてのストレッチに先立つ〝土台〟だと考えてください。

次に、カラダを構成する組織そのものが硬くなる現象で、複数の要因があります。一つ目が、筋膜や腱といった、骨と筋肉をつなぐ**「結合組織」**が硬くなること。筋肉を包んでいる筋膜は、複数の層から構成されます。筋膜が硬くなって伸びにくいだけでなく、スムーズに滑走しない場合もあります。

二つ目が、**関節**です。可動性のある関節は「関節包」という膜に包まれていますが、関節包の伸び縮みは、関節の柔軟性に大きく影響します。特に肩関節や股関節などさまざまな方向に大きく動かせる関節は、トレーニングにも大きく影響するため、注意が必要です。

三つ目が**神経**です。人体には、脳から指先にいたるまで神経が張り巡らされているため、さまざまな部位を動かすことができます。この神経も結合組織に包まれているため、硬くなって動きが制限されてしまうことがあります。

他にも、筋肉の一部が固まる**「硬結」**、ケガによる**「瘢痕組織」**（はんこん）の形成でも、カラダは硬くなります。重要なのは、可動域を妨げている要因を特定し、目的に合ったストレッチを行うこと。効果を高める大原則です。

"筋肉"から力が抜けない（筋緊張）

日常の生活	➡	トレーニング時

▶ デスクワークの影響

▶ Ex. サイドレイズで
　　肩が上がったまま

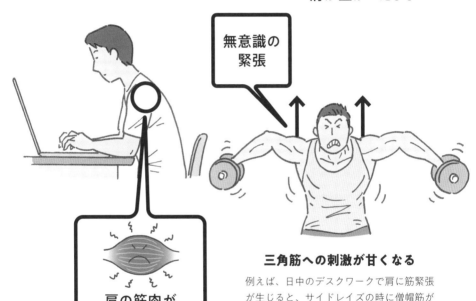

無意識の
緊張

**肩の筋肉が
無意識に緊張**

三角筋への刺激が甘くなる

例えば、日中のデスクワークで肩に筋緊張
が生じると、サイドレイズの時に僧帽筋が
固まってしまい、三角筋への刺激が甘く
なってしまうこともある。

無意識に筋緊張が起こる！

立っている時、脊柱起立筋やヒラメ筋には常に力が入り、カラダを支
えていることを、意識する人は少ないだろう。このように、筋緊張は
無意識に起こっている。ストレッチ前に脱力をすることが改善策とな
るが、対象の筋肉にあえて一度10秒程度力を入れ、その後一気に力
を抜くことで、脱力を意識する「筋弛緩法」が有効だ。

筋膜や腱といった"結合組織"が硬くなる

骨と筋肉をつなぐ結合組織

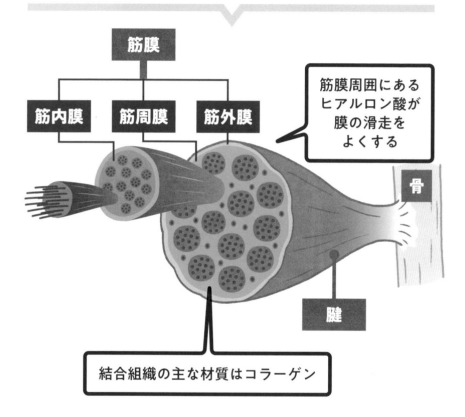

筋膜

筋内膜　筋周膜　筋外膜

筋膜周囲にある
ヒアルロン酸が
膜の滑走を
よくする

骨

腱

結合組織の主な材質はコラーゲン

筋膜は可動の範囲内で固まる性質を持つ

複数の層からなる筋膜の間では、「ヒアルロン酸」が潤滑油のような
役割を果たしている。ヒアルロン酸の粘性が増加すると、筋膜同士が
うまく滑らなくなって摩擦を生じ、痛みを伴う刺激を発してしまう。
筋膜が固まる主な原因は、動かさない「不動」と動かしすぎの「過用」。
不動により筋膜は日常動作の範囲で固まってしまうのだ。

"関節"も硬くなる

基本的な関節の構造

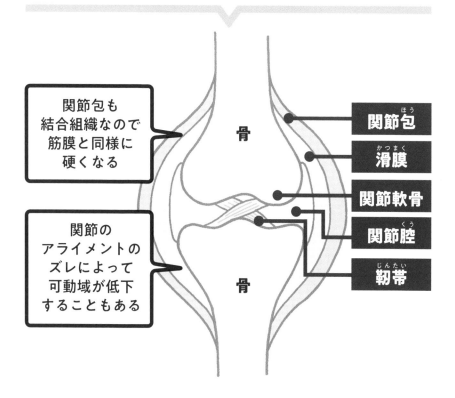

関節包も
結合組織なので
筋膜と同様に
硬くなる

関節の
アライメントの
ズレによって
可動域が低下
することもある

関節包 _{ほう}

滑膜 _{かつまく}

関節軟骨

関節腔 _{くう}

靭帯 _{じんたい}

骨

骨

関節そのものの硬さが可動域の妨げに！

そもそも筋肉は、二つの骨をロープのように結んでおり、伸縮することで腕や脚といったカラダを動かす。この骨と骨の接合部分が関節だが、関節包でつなぎ止められ、また、その内部にはさまざまな組織があり、主にコラーゲンを材質にした結合組織であるため固まりやすい。つまり、いくら筋肉を柔らかくしても、関節が硬ければそもそもカラダは動かないため、意味がないといえる。

"神経"のつながりが邪魔をする

神経系に束縛される

▶ Ex. スティッフレッグ・デッドリフト

坐骨神経(ざこつ)

ハムストリングスより
ふくらはぎが痛く
感じることも！

神経を包む結合組織の硬さが
筋肉の伸びを邪魔する因子に

神経を取り巻く結合組織の硬さに縛られる！

神経系の硬さの影響を大きく受ける種目に、「スティッフレッグ・デッドリフト」がある。膝関節を伸ばしたまま動作することでハムストリングスのストレッチを狙う種目だが、脚を縦断する「坐骨神経」が硬いと、ターゲットのハムストリングスが十分にストレッチされる前にふくらはぎや足の裏にピリッとした痛みを伴うため、十分な可動域をとれず、ストレッチ種目としての効果が低減する。ターゲットのハムストリングス以外のストレッチ感で満足していないか気をつけよう。

使いすぎによって"硬結"が現れる

筋肉全体ではなく、一部が固まる"硬結"

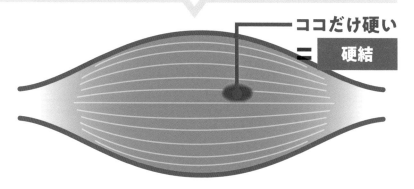

ココだけ硬い
＝ 硬結

ストレッチで伸ばすだけでは解消できない

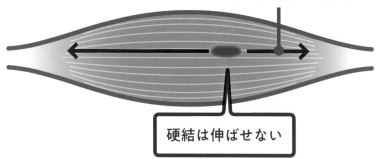

柔らかい部分だけ伸びる

硬結は伸ばせない

硬結は伸ばすアプローチだけでは消せない

本来柔らかい筋肉の一部が硬くなってできたしこりを「硬結」という。肩こりをイメージするとわかりやすいが、筋肉全体が硬くなっているわけではないので、指やボールによる押圧など、局所的なアプローチが必要だ。硬結の詳細なメカニズムは解明されていないが、筋膜と同様、不動や過用との関連性が高いとされる。

"筋肉痛"によって一時的に可動域が低下する

本来のパフォーマンスが発揮できない

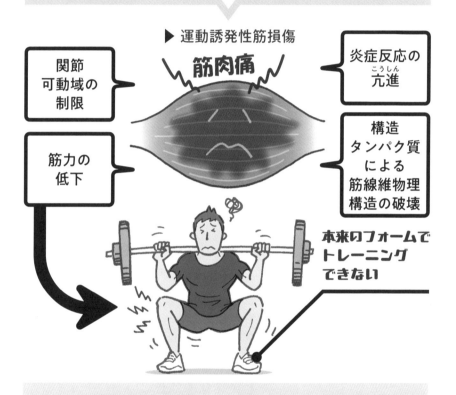

▶ 運動誘発性筋損傷

筋肉痛

関節可動域の制限

筋力の低下

炎症反応の亢進(こうしん)

構造タンパク質による筋線維物理構造の破壊

本来のフォームでトレーニングできない

筋肉痛によるパフォーマンス低下に要注意

　一時的な筋肉痛は、可動域の制限や筋出力の低下を起こす。ストレッチによって筋肉痛の出現を抑えることは難しいが、一時的に可動域を取り戻すことは十分に可能。また、その回復には栄養や睡眠が重要だと考えられる。ただし筋肉痛は長期的につづかない限り、本質的な問題ではない。トレーニングの前にストレッチで可動域を元に戻すこと、また筋肉痛がない部位のトレーニングを実施できるような分割ルーティンで行えば問題ない。

ケガの"回復後"は硬くなって再生する

結合組織が病的に増えながら回復する

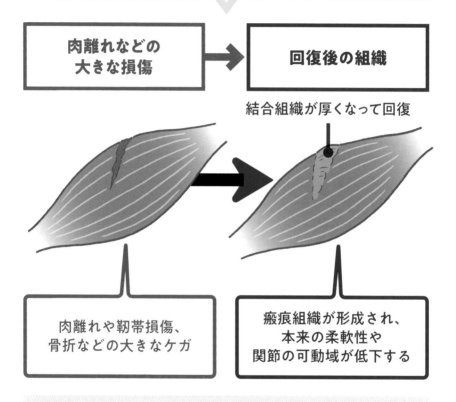

| 肉離れなどの
大きな損傷 | → | 回復後の組織 |

結合組織が厚くなって回復

肉離れや靭帯損傷、骨折などの大きなケガ

瘢痕組織が形成され、本来の柔軟性や関節の可動域が低下する

大ケガの後は瘢痕組織により硬くなる

傷や火傷などが治る時に形成される結合組織を「瘢痕組織」という。瘢痕組織は硬くて伸縮性が少なく、もとの状態に戻ることは困難。小さなケガでは問題ないが、肉離れや靭帯損傷などは、トレーニングの可動域に対して長期的な影響を及ぼしてしまう。適切な治療、リハビリにより、極力正常な状態に近づけ、その他の部位への影響を見抜くことが重要だ。

ストレッチの効能とは？

一つの効果が、さらに先の効果に波及する

ストレッチの効果は多岐にわたります。可動域の拡大は、最大伸張・最大収縮のレンジを広げ、ストレッチ種目やコントラクト種目の**効果を最大化**。また、取り組める種目数を増やしてくれるでしょう。**トレーニングのパフォーマンス向上**は、筋肥大や除脂肪に直結します。

ストレッチにより筋肉が弛緩すると、**リラクセーション効果**も高まります。副交感神経の働きが促進されることで、睡眠の質が向上。筋肉の合成や除脂肪を促してくれます。また、組織が緊張すると交感神経が優位になり、血管が収縮する作用があります。血管は人体のインフラにあたる、水道管や下水管のような存在。**必要な酸素や栄養素を運搬し、不要な老廃物を除去する**ことは、ボ

ディメイクに欠かせません。可動域が広がると、無理のない姿勢でトレーニングを行えるため、**ケガの防止**にもつながります。柔軟性とケガの関係については、科学的に解明されていない部分も多いのですが、少なくとも違和感のないフォームで筋トレに取り組むことは、安全性において重要です。

姿勢における自分の癖を改善することは、日常生活でも筋緊張を低減させるため、さらに柔軟性が高まる好循環にもつながります。特に、仕事で固定される姿勢、そして、それによって固まる筋肉をストレッチでほぐすことは、より効果的なボディメイクを目指す上で重要です。

このように、一つ一つの効果が影響し合い、さらに大きな恩恵が生まれるのが、ストレッチの特徴といえます。

可動域の拡大によるさまざまなメリット

ストレッチにより柔軟性を高めることは、可動域を広げること。
広い可動域は、ボディメイクに、主に6つの効果をもたらす。

メリット
筋トレの質の向上

筋トレで重要なのは、筋肉にしっかり負荷をかけること。負荷は重量やレップ数、セット数でも高まるが、可動域の広さもその一つ。特に最大伸張・収縮ポジションは"美味しい可動域"ともいえる。そこを逃さずにトレーニングを行うことで、筋肥大効果や筋肉の形を整える効能を最大化できるのだ。

メリット
リラクセーション

運動と栄養に並ぶ、ボディメイクに欠かせない三大要素が休養。その休養は、神経系と大きく関わる。筋肉がこわばっている状態では交感神経が優位となり、うまく休養をとることができない。ストレッチにより筋肉を弛緩させることで、質の高い睡眠や筋肉の回復、さらに除脂肪まで見込むことができる。

メリット
血流アップ

筋肉や結合組織が弛緩され、副交感神経が優位になると血流が促される。副交感神経は心拍の安定や、胃腸機能の活性化を促し、血流の促進によって代謝に必要な栄養や酸素の運搬がスムーズになる。過度な筋緊張は全身に血液が行き渡りにくい状態をつくってしまうため、日常的にストレッチを導入することが望ましい。

ストレッチの効能 ＝ 可動域の拡大

メリット
理想のフォーム

可動域が狭いと、各種トレーニングにおける適切なフォームがとれなくなる。理想のフォームでトレーニングできない＝その種目で刺激できる筋線維を刺激できない＝その種目の意味がない、と知るべきだ。無理なフォームでつづけるとバランスが崩れ、最悪の場合ケガに至る。

メリット
パフォーマンスの向上

十分な休養は、次回に行うトレーニングのパフォーマンスを向上させてくれる。逆に言うならば、休養をおろそかにしたまま行うトレーニングには、十分な効果が表れない。ストレッチにより筋肉に良質な休養を与えることは、長期的なトレーニングパフォーマンスにもつながるのだ。

メリット
姿勢の改善

柔軟性を高め、適切な姿勢を保てるようにすることは、重量の向上による筋肥大効果を与えてくれる。特にベンチプレスやデッドリフトなど、高重量を扱うトレーニングでは、ケガのリスク低下にも有効だ。また、よい姿勢は硬結の予防にもつながるため、常に意識したい。

目的や効果が異なる！「細かすぎるストレッチ」のトリセツ

広げた可動域を、動作レベルに落とし込む

本書では多くのストレッチ種目を紹介しますが、一つ一つに明確な目的があります。ここで、前提となる理論を押さえておきましょう。

まず、筋肉や結合組織を「伸ばす」ストレッチと「慣らす」ストレッチに分けて考えてください。伸ばすストレッチには、自力で伸ばす「アクティブ（自動的）」と、自分の体重を利用して、壁や道具、他人の力を借りて伸ばす「パッシブ（受動的）」があります。当然、パッシブのほうがより大きな伸張を得られますが、実際の筋トレでは自分で筋肉を動かすため、アクティブで可動域を広げることも重要です。そして可動域を広げたら、実際の動きに近づける「慣らす」ストレッチを行います。そ

の日行うトレーニングを想定し、実践的な動作をカラダになじませましょう。このプロセスを大きく3段階に分けるならば、「スタティック・ストレッチ」「アクティブ・ストレッチ」「バリスティック・ストレッチ」となります。

パッシブによるスタティック・ストレッチで可動域を最大化し、その可動域をアクティブ・ストレッチにより自分で動かせるようにして、実際の動作に近いバリスティック・ストレッチで慣らすわけです。また、ストレッチにより可動域を確保した筋肉を、うまく使いこなすための「コレクティブ・エクササイズ」も有効です。代償動作（狙った動作ができず、違う動きでごまかす）を修正（コレクト）し、各トレーニングの効果を高めてくれます。その他、押圧などで局所的な柔軟性にアプローチし、動作を妨げる要因を取り払っていくことも大切です。

「伸ばす→慣らす」で筋トレにブースト!

まずは最大限に筋肉を伸ばせるように、自体重や物、人の力を利用してストレッチを行う。次に、その可動域を、自分の力で伸ばせるようにしよう。そして、可動域を実際の動作に近づけることで、適正な動作感覚を身につけるとよい。

伸ばす　アクティブ（自動的）な可動域を パッシブ（受動的）な可動域に近づける!

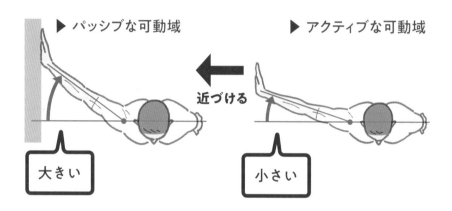

▶ パッシブな可動域　　　　▶ アクティブな可動域

近づける

大きい　　　　小さい

慣らす　獲得した可動域を定着させ、 適正（コレクティブ）な動作感覚を身につける!

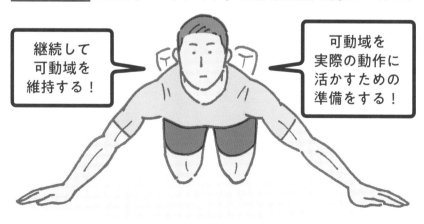

継続して 可動域を 維持する!

可動域を 実際の動作に 活かすための 準備をする!

可動域獲得のための主なアプローチ

押圧&モーション

指やボールを使い、一部分を刺激することで、局所的な柔軟性を確保する。ストレッチは筋線維の全長にわたる伸張であり、押圧は局所的深部が対象。硬結やこりを感じる部分などにアプローチできる。

関節モビライゼーション

関節包やその内部にある靭帯などの組織を伸ばすための運動。理学療法で使われる。指などを使い、関節に特殊な動きを出すことで、関節可動域を正常化する。スタティック・ストレッチでも関節にはアプローチできるが、導入的に行うとよい。

スタティック・ストレッチ

反動や弾みをつけずに、ゆっくりと筋肉を伸ばすストレッチ。「静的ストレッチ」ともいう。呼吸を止めず、伸ばす筋肉や組織を意識しながら、15秒以上伸ばした姿勢を維持する。自体重や壁、他人の力を利用することで、最大まで可動域を広げられる。

効果を感じながら、自分に合ったストレッチを

ストレッチにはさまざまな種類がありますが、目的に合わせて選択することが重要です。基礎的な可動域を広げるためには、**スタティック・ストレッチ**に加え、**押圧やモビライゼーション**を導入、補足的に取り入れましょう。その後、**アクティブ・ストレッチ（モビリティ・エクササイズ）**や**バリスティック・ストレッチ**で、最大の可動域に自力で到達する動きを意識します。そして**コレクティブ・エクササイズ**により、対象とするトレーニングに向けてカラダの使い方を最適化するのがベストです。ただし、毎日ボディメイクをする人にとって、ストレッチに多くの時間をかけることは困難なことも事実。ベンチプレス向けのコレクティブ・エクササイズに時間をかけすぎて、ベンチプレスができなくなっては本末転倒です。運動、食事、睡眠と、やるべきことが多岐にわたる中で、**効率的にストレッチを選ぶ視点**も必要になるでしょう。例えば、柔軟性が

アクティブ・ストレッチ（モビリティ・エクササイズ）

アクティブ（自動）の力で行うストレッチ。パッシブで広げた可動域を、自力で伸ばせるようにすることで、実際のトレーニングに近づける。反動や弾みを使わずに、ゆっくりと伸ばすことがポイントだ。

神経系モビライゼーション

神経を囲む結合組織を柔らかくするための運動。理学療法で使われ、疼痛やしびれの改善に効果があるとされる。スタティック・ストレッチでも神経系にアプローチできるため、補足的に行うとよい。

コレクティブ・エクササイズ

動作の質の向上を目的としたエクササイズ。コレクティブ・エクササイズそのものに可動域を広げる効果は少ないが、ストレッチでつくり上げた可動域を、トレーニングで正しく使いこなすための練習だと捉えるとよい。

バリスティック・ストレッチ

反動を用いて筋肉を伸ばすストレッチ。スポーツでは反動を使うことがほとんどであるため、ハイスピードな動作で慣らしていくことが、本来の目的。筋力トレーニングでは、切り返し局面で反動動作が入り、ケガのリスクとなるが、その予防としても有効だ。

極めて高い人（部位）は、スタティック・ストレッチを減らし、バリスティック・ストレッチやコレクティブ・エクササイズを多く取り入れてください。逆に運動神経がよい人は、コレクティブ・エクササイズはほとんど不要。そもそも硬い人はスタティック・ストレッチに時間をかけましょう。

基本的な取り入れ方としては、トレーニング前に、その日の**ターゲット部位や種目に合わせて、ストレッチを選択していく**ことが有効です。例えば胸のトレーニングの日であれば、大胸筋や上腕三頭筋、背面にある僧帽筋、肩関節の可動域をストレッチで広げ、ベンチプレスに向けたコレクティブ・エクササイズでカラダをなじませていく。そうしたイメージがよいでしょう。

日々続ける中で、さまざまな種目を少しずつ変えながら取り入れ、好調なものを持続させるような視点も必要です。すると効果の違いをカラダで感じられるようになり、効率よくトレーニング効果を最大化できるようになります。種目の効果を体感しながら試してみてください。

本書のストレッチ&エクササイズページの使い方

ここからは部位別、トレーニング別、スポーツ動作別に
カテゴライズしたストレッチを紹介。
目的に合わせ、最適なストレッチを選んで実践しよう！

PART02～PART03の部位別ストレッチ図鑑
ではターゲットの部位、筋肉ごとの分類とス
トレッチの種目名を表示

有効なトレーニング&スポーツ動作
それぞれの可動域拡大 によって有効となる
トレーニングやスポーツ動作を表示

各ストレッチのポイント解説

PART04ではトレーニング別、PART05ではス
ポーツ動作別の分類とストレッチの種目名を
表示

PART04のトレーニング別、PART05のスポー
ツ動作別では、一緒にやるべきストレッチ
や、その他の有効なトレーニングを表示

PART
02

部位別ストレッチ図鑑
上半身

部位別ストレッチ図鑑

上半身を伸ばす

小さなパーツの柔軟性が胸や背中を厚くする

主要なトレーニングに関わる関節が集中し、ボディメイクの顔ともいえる上半身。筋肉の種類は多岐にわたり、各々が複雑に関係し合いながら、胸や背中、腕の動作を構成しています。そのため、大胸筋や広背筋といった大筋群はもちろん、深層筋や肩甲骨、脊柱、手首、神経など、各部位に細かくアプローチし、一つのパーツが可動域のネックにならないようにすることが重要でしょう。特に肩甲骨周辺はデスクワークなどで固まりがちです。偏った姿勢や癖を解消すべく、多角的にストレッチを行ってください。

➡P40-48
首～肩

➡P49-54
上腕

背中
➡P63-74

➡P55-62
**前腕～
手指**

胸
➡P75-79

➡P80-81
腹

胸鎖乳突筋の
スタティック・ストレッチ

有効なトレーニング&スポーツ動作 ネックフレクション系

目安:左右各15秒以上

READY

両手を胸の前でクロスし、頭を斜め横に向ける

両手で胸(鎖骨)を固定する

斜めに向けた頭の角度は固定

鎖骨が上がってくるのを押さえておく

頭を後ろに倒す

STRETCH

ココの可動域が大事

頭と鎖骨の距離をできるだけ離す

胸鎖乳突筋は頭蓋骨（耳の後ろ）から鎖骨・胸骨に伸びているため、鎖骨を固定し、斜めに倒して距離を稼ぐのがポイント。背骨を丸めない、肩をすぼめない意識によって最大伸張する。腕を後ろにまわし、顔を引き上げながら伸ばすことで、強度をコントロールする方法もある。

強度アップVer.

斜角筋群の
スタティック・ストレッチ

有効なトレーニング&スポーツ動作	ネックフレクション系

目安:左右各15秒以上

READY

**片手を頭の上に、
逆の腕を後ろにまわす**

後ろにまわした
腕側の肩を下げる

肩を上げない

**腕で引くようにして、
頭を横に倒す**

STRETCH

ココの可動域が大事

背中を丸めずに肩を固定

首の横にある斜角筋群は、頸椎から肋骨上位に伸びている。そのため、肩を下げた状態で固定しながら、頭を真横に倒す。背筋が丸まるとストレッチ効果が僧帽筋に逃げるので、姿勢を整え、左右の腕で頭の角度がブレないように意識しよう。斜角筋群の緊張を緩めると、腕のしびれの解消効果も期待できる。

POINT
手を後ろにまわし
肩を下げて
固定するとよい

頸部屈筋群の
スタティック・ストレッチ

**有効なトレーニング&
スポーツ動作**　　　　ネックフレクション系

目安:15秒以上

READY

**顔の前で手を合わせ、
親指をあごに当てる**

背筋を
伸ばす

鎖骨の位置が
後ろに
動かないように
背筋はキープ

**親指であごを上げ、
頭を後ろに傾ける**

STRETCH

ココの可動域が大事

頸部だけを後ろに傾けること

頸部屈筋群は、頸椎の前部に位置する複数の小さ
な筋肉。このストレッチは伸張した感覚が少ない
が、時間をかけて行うとよい。首まわりの筋肉は
デスクワークで過緊張になっていることが多く、
柔軟性を高めるとトレーニング時の呼吸がしやす
くなる。食いしばりの解消にも効果がある。

NG

腰を反る

42

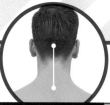

首
〜
肩

頸部伸筋群の
スタティック・ストレッチ

有効なトレーニング&スポーツ動作	ネックエクステンション系	クランチ系

目安:15秒以上

頸部屈筋群

首〜肩

頸部伸筋群

READY

頭の後ろで手を組み、脇は閉じる

首を
丸めるように
意識する

背筋を
伸ばす

背筋が
丸まらない
ようにする

組んだ手で頭を前に倒す

STRETCH

ココの可動域が大事

背中は丸めずに、首だけを曲げる

頸部伸筋群は、頸椎の後部に位置する小さな複数の筋肉。頭を後方に動かす作用がある。あくまで首を曲げるストレッチであるため、背中が丸まらないよう注意したい。首の可動域が広がることで肩甲骨も動かしやすくなり、広背筋、大胸筋、腹筋群のトレーニング効果を高められる。

背中を丸める

僧帽筋上部の
スタティック・ストレッチ

有効なトレーニング&スポーツ動作	シュラッグ系	ベンチプレス系	プルダウン系

目安:左右各15秒以上

READY

片腕を後ろにまわし、上体を固定する

手を耳の後ろにかける

腕を後ろにまわして肩を下げる

顔の方向は45度をキープ

頭を斜め下に倒す

STRETCH

ココの可動域が大事

45度方向に伸ばすと最大伸張

僧帽筋上部は、肩から背骨・頭にかけて斜め上方向に伸びる。そのため、肩が上がらないように腕を固定することがポイント。また、斜めに走る筋肉の方向に沿って、真横ではなく斜め45度方向に伸ばしたい。ベンチプレスやラットプルダウンで重要な、肩甲骨の下制をしやすくなる。

POINT
後ろに腕をまわし肩を下げて固定

44

三角筋（鎖骨部）の
スタティック・ストレッチ

有効なトレーニング＆スポーツ動作	フロントレイズ系	ショルダープレス系	ベンチプレス系

目安:15秒以上

READY

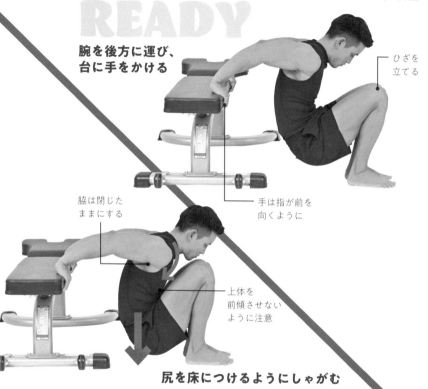

腕を後方に運び、台に手をかける

ひざを立てる

脇は閉じたままにする

手は指が前を向くように

上体を前傾させないように注意

尻を床につけるようにしゃがむ

STRETCH

ココの可動域が大事

上腕を最大限後方に伸ばす

三角筋（鎖骨部）の主な作用は肩関節の屈曲。そのため、リバースプッシュアップのような姿勢で肩関節を伸展させるのがこの種目。ひざを曲げながらゆっくりと腰を落としていくのがポイントで、反動はつけない。刺激が強い場合は、ひざ立ちの状態から腰を落とす方法で、肩関節の伸展角度を浅くするとよい。

低強度
Ver.

三角筋（肩峰部）の
スタティック・ストレッチ

有効なトレーニング＆スポーツ動作	サイドレイズ系	アップライトロウイング系

目安:左右各15秒以上

READY

背筋を伸ばし、肩甲骨を下げる

上腕を前方に伸ばし、
逆の腕で押さえる

上腕に
手をかける

手のひらを
内側に向ける

上体は
捻らない

**手が弧を描くような
イメージで、
上腕を引き寄せる**

STRETCH

ココの可動域が大事

肩は前に"曲げる"のではなく、前から"まわす"
多くの人が取り組むストレッチだが、ただ肩を曲げるだけの姿勢をよく見かける。三角筋（肩峰部）を伸張させる上で不十分であり、肩を押し出し、肩甲骨ごと外側にまわすようなイメージで行うとよい。肩甲骨を下げ、ひじよりも上腕側を押さえることで、意識がしやすくなるだろう。

NG

**前腕に手をかけて
肩がすくんでいる**

首〜肩

三角筋（肩甲棘部）の
スタティック・ストレッチ

有効なトレーニング＆スポーツ動作	リアレイズ系

目安：左右各15秒以上

READY

背筋を伸ばし、肩甲骨を下げる

上腕を前方に伸ばし、逆の腕で押さえる

上腕に手をかける

手のひらを下に向ける

上体は捻らない

手が弧を描くようなイメージで、上腕を引き寄せる

STRETCH

ココの可動域が大事

三角筋（肩峰部）

首〜肩

三角筋（肩甲棘部）

小指を外側にして伸ばす

三角筋（肩甲棘部）は、肩甲骨の後ろから上腕骨に向かって伸びる。日常生活では肩を前方に巻き込んでいることが多く、肩甲棘部は三角筋の中でも慢性的に緊張しやすい。そのため、肩甲骨を下げにくい、寄せにくい人にも効果が大きい。

NG

前腕に手をかけて肩がすくんでいる

三角筋（全体）の
ラクロスボール押圧

有効なトレーニング&スポーツ動作	サイドレイズ系	リアレイズ系

目安：左右各15秒以上

中部
PRESS

**壁または床と肩の間に
ボールを挟み、押す**

ボールを
潰すような
イメージ

ボールの
位置を
ずらして
全体的に
緩めると
よい

**壁または床と肩の間に
ボールを挟み、押す**

後部
PRESS

ココの可動域が大事

押圧する位置を変えながら行う

三角筋全体を緩めるには、押圧によるアプローチも効果が高い。肩峰部は横から、肩甲棘部は後ろからボールを挟むとよい。鎖骨部の場合は手でボールを押すか、ストレッチポールを使ってうつ伏せで行う。ボールはゴルフ用、テニス用、ラクロス用などから自分に合ったものを選ぼう。

POINT
**前部は手で
ボールを押す**

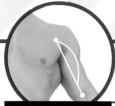

首〜肩

三角筋（全体）

上腕

上腕二頭筋

上腕二頭筋の
スタティック・ストレッチ

有効なトレーニング&スポーツ動作	アームカール系

目安：左右各15秒以上

READY

腕は肩より
後ろ方向に伸ばす

ひじの内側は
上を向いたまま

**前腕を
親指方向に
まわす**

**腕を伸ばして
壁に手をつき、
指を下に向ける**

STRETCH

ココの可動域が大事

前腕の回内でストレッチ

上腕二頭筋は肩甲骨から前腕に伸びており、主な作用は肩関節と肘関節の屈曲、前腕の回外。その逆の動作により伸張するが、肘関節の伸展の可動域には限界があるため、腕を内側に捻る動作を入れる。手の位置を肩よりも後ろにすることで、肩関節の水平伸展が加わり、よりストレッチされるのだ。

GOOD

**手の位置が
肩より前に**

NG

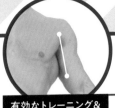

烏口腕筋の押圧ムーブ

有効なトレーニング&スポーツ動作	ベンチプレス系	ショルダープレス系	フライ系

目安:左右各10回以上

PRESS

手のひらを上に向け、腕を外側へ水平に動かす

親指で上腕の内側にある窪みを押す

十分に伸張したら、スタートポジションに戻す

**親指で押したまま、
腕を前方へ水平移動させる**

MOVE

ココの可動域が大事

伸ばしにくい分を押圧でサポート

烏口腕筋は肩前部から上腕骨の内側に伸びる短い筋肉。腕を水平に外側へと動かすと伸張するが、十分なストレッチを得られないため、指やボールによる押圧を加え、動作を繰り返してストレッチさせる。肩甲骨に付着する筋肉のため、この部位を緩めると肩の可動域を広げる効果が期待できる。

ボール押圧Ver.

50

上腕三頭筋（長頭）の
スタティック・ストレッチ（立位）

有効なトレーニング&スポーツ動作	フレンチプレス系

目安：左右各15秒以上

腕を垂直に上げ、ひじを後ろに曲げる

READY

ひじを逆の手で押さえる

上体は傾けない

後方へひじを引く

STRETCH

ココの可動域が大事

ひじを曲げきってから、肩を引く

上腕三頭筋のうち、長頭は肩とひじをまたぐ二関節筋。肩関節と肘関節の両方を曲げると伸張する。ひじを最大限頭部に引きつけた上で、肩をさらに引きつける意識で実施すると、より伸ばすことができる。上体を前後、左右方向に傾けると効きが悪くなる。

頭を過剰に前傾させる

NG

上腕三頭筋（外側頭・内側頭）の
スタティック・ストレッチ（立位）

有効なトレーニング＆スポーツ動作

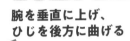

フレンチプレス系

目安:左右各15秒以上

READY

腕を垂直に上げ、ひじを後方に曲げる

ひじを
逆の手で
押さえる

上体は傾けない

STRETCH

対側へひじを曲げていく

ココの可動域が大事

ひじの開き具合で引く方向を変化させる

完全にパーツを区別してストレッチするのは難しいが、前頁で紹介した長頭のストレッチに対し、対側方向に伸ばすことで外側頭・内側頭を狙うのがこの種目。ひじの向きや引く方向を変えたり、壁やベンチにひじをつけて肩関節を伸ばし、強度を上げる変化をさせると効果的だ。

強度アップVer.

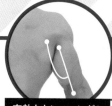

上腕三頭筋（全体）の 押圧リリース

有効なトレーニング& スポーツ動作	フレンチプレス系

目安:左右各10回以上

PRESS

腕を伸ばし、
上腕の後ろを指で押さえる

硬い部分を探りながら
押す

指で押さえたまま、
ひじを曲げ伸ばしする

MOVE

ココの可動域が大事

結合組織の柔軟性を高める

押圧により上腕三頭筋を局所的に柔らかくする種目。長頭、外側頭、内側頭などの中央部（筋腹）のほか、肘関節に近い腱の部分を押して結合組織を柔らかくするのも効果的。ボールで各筋肉の間にある溝を押す、フォームローラーで全体をリリースする方法もある。

POINT
三頭筋の腱も
押圧すると効果的

上腕筋の押圧モーション

有効なトレーニング&スポーツ動作	アームカール系	リバースカール系

目安:左右各10回以上

PRESS

腕を伸ばし、
指で上腕二頭筋と
上腕骨の間を押す

ひじの少し上を
指で押さえる

腕を曲げる時に力を抜く

指で押したまま、
ひじを曲げ伸ばしする

MOVE

ココの可動域が大事

上腕筋の場所を正しく把握しよう

上腕筋は、上腕から前腕に伸びる小さな筋肉。押す場所を見つけるのが困難だが、親指を内側に向けてひじを曲げた際、浮き上がってくる筋肉だ。上腕二頭筋の腱付近の溝を目安にするとよい。上腕二頭筋に力が入りすぎると上腕筋を押圧できないため、力を抜いて腕を曲げる意識が大事。

NG

力を入れすぎると
上腕筋を押圧できない

正中神経の
スタティック・ストレッチ

有効なトレーニング&スポーツ動作	プルダウン系	アームカール系

目安:左右各15秒以上

READY

腕を外側に伸ばし、後ろ方向に捻る

指を下に向ける

頭を伸ばした腕と逆方向に傾ける

STRETCH

ココの可動域が大事

指の握り込みがしやすくなる効果あり

正中神経は、上腕、ひじ、前腕の内側を経て、手のひらに達するように通っている。前腕屈筋群の支配に関与するため、ストレッチにより指の握り込みがしやすくなる。ゆっくりと安全に行うことがポイントで、壁を使うとより伸張を得ることができる。

POINT
壁を使うと
より伸びる

上腕

上腕筋

前腕〜手指

正中神経

尺骨神経の
スタティック・ストレッチ

有効なトレーニング＆ スポーツ動作	プルダウン系	アームカール系

目安:左右各15秒以上

READY

**腕を横に上げ、
ひじを曲げる**

肩を90度外転させ、
手を背屈・回外させる

頭を上げた腕と
逆方向に傾ける

STRETCH

ココの可動域が大事

小指の握り込みに有効

尺骨神経は、前腕の小指側にある尺骨に沿って通る神経。その部分を外側にして伸ばすのがこの種目。懸垂やラットプルダウン、捻りを加えるアームカールなど、小指側の握りが重要なトレーニングで効果を発揮する。ゆっくりと無理のない角度で行おう。

POINT
ひじが
下がらないように

56

部位別ストレッチ図鑑 018 ／前腕～手指

橈骨神経のスタティック・ストレッチ

有効なトレーニング＆スポーツ動作	プルダウン系	アームカール系

目安：左右各15秒以上

READY

腕を外側に伸ばし、前方向に捻る

親指を下に向ける

頭を伸ばした腕と逆方向に傾ける

STRETCH

ココの可動域が大事

手首を回内させてストレッチ

橈骨神経は、上腕の後ろ側、ひじの外側、前腕の親指側にある橈骨に沿って通っている。そのため、手首を掌屈・回内させることで伸張する。腕橈骨筋の機能や、ひじの屈曲、手指の動きを支配している神経で、ダンベルやバーベルの握り込みがしやすくなる効果がある。

POINT
壁を使うとより伸びる

腕橈骨筋の スタティック・ストレッチ

有効なトレーニング& スポーツ動作	ハンマーカール系	アームカール系

目安:左右各15秒以上

READY

腕を前に伸ばす

親指を上に向け、 逆の手で押さえる

手首を小指側に曲げる

STRETCH

ココの可動域が大事

ひじの伸展に手首を加える

腕橈骨筋は、前腕の親指側にある橈骨から上腕骨 に伸びている大きな筋肉。ひじを伸ばした状態で、 手首を小指方向に曲げることで伸ばすことができ る。前腕の回旋角度を変えるなど、前腕屈筋群や 伸筋群を組み合わせて実施するとより効果的だ。

NG

ひじが伸びてない& 親指が上を向いていない

前腕屈筋群の スタティック・ストレッチ

有効なトレーニング&スポーツ動作	リストカール系	ベンチプレス系	ショルダープレス系

目安:左右各15秒以上

前腕～手指

腕橈骨筋

前腕～手指

前腕屈筋群

READY

腕を前に伸ばす

手のひらを上に向け、
逆の手で指を押さえる

手の甲方向に手首を曲げる

STRETCH

ココの可動域が大事

前腕から指先までを伸ばすイメージで

手首を背屈させるストレッチ。逆の手で伸ばすほか、壁や床を使う方法もある。逆の手は指を押さえるイメージがよい。リストカールなどの種目のほか、ベンチプレスなどで高重量を扱う際のケガを予防できる。握り込みによる過緊張を抑えたい人にもおすすめだ。

手のひらに手をかける

前腕伸筋群の
スタティック・ストレッチ

有効なトレーニング&スポーツ動作	リストエクステンション系	ベンチプレス系	ショルダープレス系

目安:左右各15秒以上

READY

腕を前に伸ばす

手の甲を上に向け、
逆の手で押さえる

手のひら方向に手首を曲げる

STRETCH

ココの可動域が大事

前腕の内旋で細かく伸ばせる

手首を掌屈させるストレッチ。逆の手で伸ばすほか、壁や床を使う方法もある。逆の手は手の甲を押さえるイメージがよい。前腕を内側に捻ることで、細かく伸ばしていくのも効果的。パソコン操作などで指を酷使している人は、前腕伸筋群の過緊張が知らないうちに生じていることが多い。

指だけ手にかけて
手首が曲がっていない

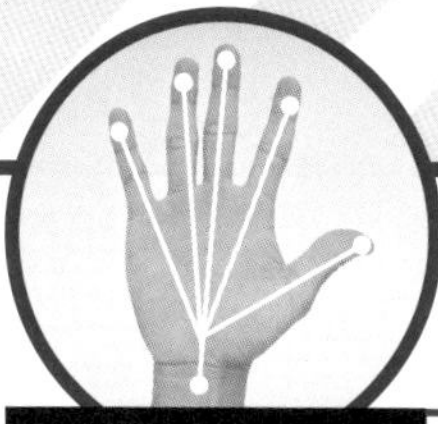

部位別ストレッチ図鑑 022 ／前腕〜手指

手掌&手指屈筋群の
スタティック・ストレッチ

有効なトレーニング&スポーツ動作	ベンチプレス系	ショルダープレス系	プルダウン系	ロウイング系

目安:左右各15秒以上

READY
腕を前に伸ばす
手のひらを上に向け、指先を逆の手の指で押さえる
手の甲方向に指を曲げる
STRETCH
ココの可動域が大事

指の柔軟性を高め、スムーズな握り込みを

手の指をストレッチさせる種目。すべての指をまとめて行う形で問題ないが、１本ずつ伸ばすことでより高い効果を得られる。指に集中したい場合は、手首を固定するとよい。ダンベルやバーベルの握り込みがしやすくなるため、さまざまな種目で効果を発揮する。

POINT
１本ずつ伸ばすとより効果的

手背&手指伸筋群の
スタティック・ストレッチ

有効なトレーニング&スポーツ動作	ベンチプレス系	ショルダープレス系	プルダウン系	ロウイング系

目安:左右各15秒以上

READY

腕を前に伸ばす

手首は曲げて、固定する

手の甲を上に向け、指先を逆の指で押さえる

手のひら方向に指のみを曲げる

STRETCH

ココの可動域が大事

手首は固定する

手の指をストレッチさせる種目。1本ずつ曲げることでより高い効果を得られるが、その際に他の指は伸ばしておくとよい。指を効果的に伸ばすには手首を曲げた状態で固定するのがポイント。ダンベルやバーベルの握り込みがしやすくなるため、さまざまな種目で効果を発揮する。

POINT
1本ずつ曲げるとより伸びる

62

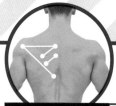

僧帽筋中部・下部・菱形筋の スタティック・ストレッチ（丸まり）

有効なトレーニング＆スポーツ動作	ロウイング系

目安:15秒以上

READY

背筋を伸ばす

腕を前に伸ばし、手を組む

背骨の上部を丸めていく

腕が引き込まれないように、手の位置を固定する

肩甲骨の後部を開いていく

STRETCH

ココの可動域が大事

肩甲骨を引き剥がすイメージで

僧帽筋中部・下部は、肩甲骨から背骨にかけて水平・下方向に伸びている。菱形筋は僧帽筋の内側にある深層筋。これらは肩甲骨を開きながら、背骨を丸めていくことで伸張する。上背部だけを丸めることがポイントで、下背部を丸めたり、ただ前傾するだけになったりするのは効果が弱い。

肩が上がってしまい伸ばすポイントがズレている

僧帽筋中部・下部・菱形筋の スタティック・ストレッチ（対角に長座体前屈）

有効なトレーニング&スポーツ動作	ロウイング系

目安：左右各15秒以上

READY

腕を伸ばし、
手で反対側の足を握る

手と足の位置は
固定する

ひざは曲げた状態

ひざを
伸ばしていく

**ひざを伸ばすのと同時に、
肩甲骨の内側が伸びていくのを
感じる**

STRETCH

ココの可動域が大事

片側ずつで最大伸張できる種目

前頁で紹介したストレッチと比べ、片側ずつ実施することでより意識して僧帽筋・菱形筋を伸張させられる種目。肩甲骨を引き剥がすように開いていくイメージで行うとよい。伸ばしている側の肩甲骨が外側へ離れていく意識で実施する。ひざを伸ばすことで強度を高くすることができる。

POINT
上背部の
伸びを
意識！

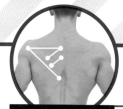

僧帽筋中部・下部・菱形筋の ボール押圧モーション

有効なトレーニング&スポーツ動作	プルダウン系	ロウイング系

目安:15秒以上

背中

僧帽筋中部・下部・菱形筋

背中

僧帽筋中部・下部・菱形筋

PRESS

壁と上背部の間にボールを挟む

十分に肩甲骨が開いたら、スタートポジションに戻す

ボールの位置は、肩甲骨の中央

腕は外側に開く

腕を閉じる

MOVE

ココの可動域が大事

ボールで深層の菱形筋にアプローチ

僧帽筋、菱形筋に押圧をかけながら、肩甲骨の閉じ開きを繰り返す種目。仰向けに寝て行うとより強い押圧が得られる。ハーフカットのストレッチポールでも僧帽筋をリリースできるが、深層の菱形筋まで届かせるにはボールが効果的だ。肩甲骨を内転・下制させやすくなる効果がある。

POINT
仰向けでやると強度アップ

広背筋・大円筋の
スタティック・ストレッチ（四つんばい）

有効なトレーニング＆スポーツ動作	プルダウン系	ロウイング系

目安:左右各15秒以上

READY

四つんばいの状態で、
腕を斜め前に伸ばす

両脚は
置いた手の
ほうに
捻っておく

手の位置は
固定する

手のひらを
床につく

尻を後方に引く

STRETCH

ココの可動域が大事

広背筋の外側をストレッチ

上腕骨から肩甲骨、背骨などに向かって縦・斜め・横方向に伸びているのが広背筋。この種目では腕を斜めに向けるほど、広背筋の外側を伸ばせる。猫の伸びのように、腰とひじを遠くに離していくイメージで行うのがポイント。フォームローラーなどを使い前腕を外旋させると、より伸張する。

POINT
フォームローラーや
前腕の外旋で
強度アップ

広背筋・大円筋の
スタティック・ストレッチ（立位）

有効なトレーニング&スポーツ動作	プルダウン系	ロウイング系

目安:左右各15秒以上

READY

腕を伸ばし、ベンチや壁の角をつかむ

上背部はあまり動かさず、両肩が水平になるように

骨盤を後傾させ、尻を引いていく

STRETCH

ココの可動域が大事

広背筋の内側をストレッチ

前頁で紹介したストレッチが、広背筋の外側を伸ばす種目であるのに対し、この種目は内側（背骨側）を伸ばす。上背部はあまり動かさず、腰を離していくイメージで行うとよい。右写真のように上体を開けば、広背筋外側を伸ばすことも可能。さまざまな角度からアプローチしたい。

POINT
上体の角度を変えると外側も伸ばせる

広背筋・大円筋の ストレッチポール押圧

有効なトレーニング&スポーツ動作	プルダウン系	ロウイング系	リアレイズ系

目安:左右各10回以上

PRESS

横向きに寝て、床と脇の間に フォームローラーを挟む

腕でバランスをとる

フォームローラーに脇の後方を のせるイメージ

十分にスライドしたら、 スタートポジションに戻す

フォームローラーを 転がしながら カラダをスライドさせる

MOVE

ココの可動域が大事

ボールで局所的な押圧も

フォームローラーやストレッチポールを使用すると、広背筋を幅広くリリースできる。一方、ボールなどで押圧することで、広背筋の付着部、大円筋、三角筋(肩甲棘部)を局所的に狙える。対象となる筋肉にしっかり圧が加わるように、ボールとカラダの位置を調節しながら行いたい。

ボール押圧Ver.

広背筋・大円筋の
ハンギング・ストレッチ（ジム向け）

有効なトレーニング& スポーツ動作	プルダウン系	ロウイング系

目安:15秒以上

手幅は肩幅よりやや広い程度

懸垂器具などに
ぶらさがる

READY

体重をかけて
深呼吸を繰り返しながら
背中を伸ばしていく

ココの可動域が大事

STRETCH

全身の力を抜いてぶら下がるだけ

体重をかけて広背筋を縦方向に伸ばすのがこの種
目。027、028のストレッチのほうが、広背筋を
くまなくストレッチさせられるが、重力でカラダ
が引っ張られるため、肩の安定性を高めることも
期待できる。腰を捻りながら伸ばすことで、さら
に伸張させる方法もある。

ツイストVer.

背中

広背筋・大円筋

背中

広背筋・大円筋

ローテーターカフの
スタティック・ストレッチ（内旋筋群）

有効なトレーニング＆ スポーツ動作	ベンチプレス系	ショルダー プレス系	アームカール系	投げる・ 振り下ろす

目安:左右各15秒以上

READY

上体は上腕に対して
垂直になるように

ベンチや台にひじをのせ、
前腕を垂直に立てる

逆の手で
手首を押さえる

肩甲骨の位置は固定し、
腕だけを捻る

前腕を外側に倒す

STRETCH

ココの可動域が大事

肩甲下筋を狙う

ローテーターカフとは、肩甲骨から上腕骨に伸び
る、棘上筋、棘下筋、小円筋、肩甲下筋のこと。
この種目は肩関節の内旋に作用する肩甲下筋を狙
うため、上腕を外側に捻るのが目的。肩甲骨の位
置を固定し、上体が持っていかれないように注意
したい。

NG

上体も一緒に
倒してしまう

70

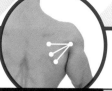

背中
ローテーターカフ

ローテーターカフの
スタティック・ストレッチ（外旋筋群）

有効なトレーニング＆スポーツ動作	ベンチプレス系	ショルダープレス系	アームカール系	投げる・振り下ろす

目安：左右各15秒以上

READY

腕をカラダの後方にまわす

逆の手で
ひじを押さえる

上体は
捻らずに固定

**逆の手でひじを
前・内側方向に引く**

STRETCH

ココの可動域が大事

棘下筋と小円筋を狙う

肩関節の外旋に作用する、棘下筋と小円筋を伸ばすのがこの種目。上腕を内側に捻ることでストレッチする。大胸筋が厚いなど、立位で手が届かない場合は、右写真のように横になり、前腕を脚方向に倒す方法もある。タオルなどを枕に敷くとやりやすい。

側臥位Ver.

背中
ローテーターカフ

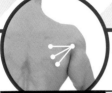

ローテーターカフの
ボール押圧モーション

有効なトレーニング＆ スポーツ動作	ベンチプレス系	ショルダー プレス系	アームカール系	投げる・ 振り下ろす

目安：左右各10回以上

PRESS

**壁と肩甲骨の間に
ボールを挟む**

ボールを当てるのは、
肩甲骨上部の下にある窪み

上腕を
外側に開き、
前腕を
垂直にする

前腕が水平になったら、
スタートポジションに戻す

**上腕を前に捻り、
前腕を前に向ける**

MOVE

ココの可動域が大事

肩甲骨にボールを当てる

棘下筋と小円筋を、押圧で刺激するのがこの種目。
ボールの位置は、肩甲骨上部に横に伸びる「肩甲
棘」の下側を目安にするとよい。ローテーターカ
フは上腕骨と肩甲骨をつなぎ、肩の柔軟性、安定
性を保っているため、ストレッチには肩関節を円
滑に動かす効果がある。

POINT
肩甲骨の
出っ張りの下に
ボールを当てる

脊柱起立筋（腰椎部）の
スタティック・ストレッチ（丸まり）

有効なトレーニング＆スポーツ動作	デッドリフト系	ロウイング系	持ち上げる

目安：15秒以上

READY

**仰向けになり、
ひざを手で押さえる**

腰は床につける

上背部は
床につけたまま

骨盤を後傾させ、
腰を丸めるように

ひざを胸に近づけるように引く

STRETCH

ココの可動域が大事

腰をしっかり丸めるのがポイント

背骨に沿って伸びる脊柱起立筋のうち、下部にあたる腰椎部を伸ばすストレッチ。腰椎部は多くの人が反っているため、骨盤を後傾させると効きやすい。ストレッチ中は呼吸を止めないように注意する。腰まわりが硬すぎる場合は、ひざ下に手を入れて行うとよい。

POINT
ひざ下に手を
入れるとラク

脊柱起立筋（回旋筋）の
スタティック・ストレッチ（捻り）

有効なトレーニング＆スポーツ動作	デッドリフト系	ロウイング系	投げる・振り下ろす	打つ・突く

目安：左右各15秒以上

READY

**横向きに寝て、上側の脚を
カラダに対して直角になるように曲げる**

上側の腕を伸ばす

下側の手で脚を押さえ、固定する

下半身は
固定したまま

上体を捻り、腕を後方に伸ばす

STRETCH

ココの可動域が大事

体幹の捻りを加えて回旋筋も伸ばす

脊柱起立筋群の付近には、多裂筋や回旋筋といった深部に存在する細かな筋肉が多く存在する。前頁の丸めるストレッチだけでなく、捻りの動作を加え、背部全体を伸ばしていくことがよい。下半身を固定するのがポイントで、下腿部をフォームローラーなどにのせることでやりやすくなる。

POINT
ローラーなどで高さを
調節すると
やりやすくなる

74

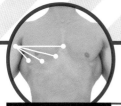

背中

脊柱起立筋（回旋筋）

胸

大胸筋（胸肋部・腹部）

大胸筋（胸肋部・腹部）の スタティック・ストレッチ

有効なトレーニング＆スポーツ動作	ベンチプレス系	フライ系

目安:左右各15秒以上

READY

腕を水平に上げ、壁にひじをつける

肩をすぼめず、肩甲骨を落とす

ひじ、肩は90度になるように

上体を壁と反対方向に捻る

壁側の脚を、一歩分後ろへ

上体を前にスライドさせる

STRETCH

ココの可動域が大事

角度によって狙いを変える

大胸筋は、中部が上腕骨から横方向に、下部が斜め下方向に伸びている。そのため、上体を前方向に移動させると中部に、上体を斜め下方向に移動させると下部を伸ばすことができる。ひじを壁につけるのは、上腕二頭筋の関与を減らし、大胸筋に意識を集中させるためだ。

下部Ver.

中部Ver.

大胸筋（鎖骨部）の スタティック・ストレッチ

有効なトレーニング&スポーツ動作	ベンチプレス系	フライ系

目安：15秒以上

READY

手を後ろに組む

肩をすぼめず、肩甲骨を落とす

顔を上に向ける

両手を後ろで組む

腕を下方向に伸ばし、胸を張ってあごを上げる

STRETCH

ココの可動域が大事

鎖骨と上腕骨を引き離していく

大胸筋の上部（鎖骨部）は、上腕骨から鎖骨に伸びる。そのため、鎖骨の中央を起点に、腕、肩、胸、首を各方向に広げていくイメージでストレッチさせるとよい。顔を左右に傾けると、左右それぞれの大胸筋がより伸びやすくなる。

カラダが後ろに反ってしまう

76

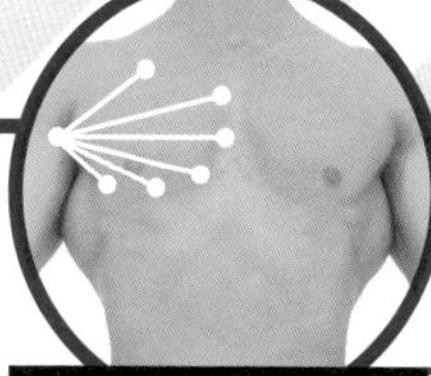

部位別ストレッチ図鑑 038 ／胸

大胸筋（全体）の ストレッチポール&動的ストレッチ

有効なトレーニング&スポーツ動作	ベンチプレス系	フライ系

目安：10回以上

STRETCH

仰向けになり、肩甲骨と床の間にフォームローラーを挟む

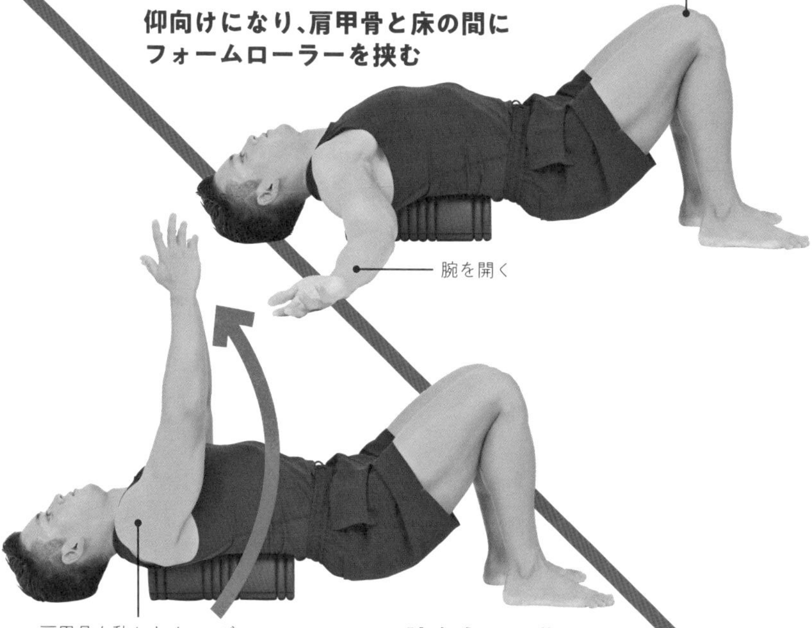
ひざを立てる
腕を開く
肩甲骨も動かすイメージで

腕を上下に動かし、胸を閉じ開きする

MOVE

ココの可動域が大事

胸の種目で可動域を大きくするために

フォームローラーやストレッチポールを挟むことで、大胸筋を伸ばす種目。ベンチプレスでアーチをつくる際に重要になる、胸まわりの胸郭を広げるのに効果的。腕を水平方向に動かすことで、大胸筋の上部や下部にも効かせるとよい。

POINT

水平に動かすのもよい

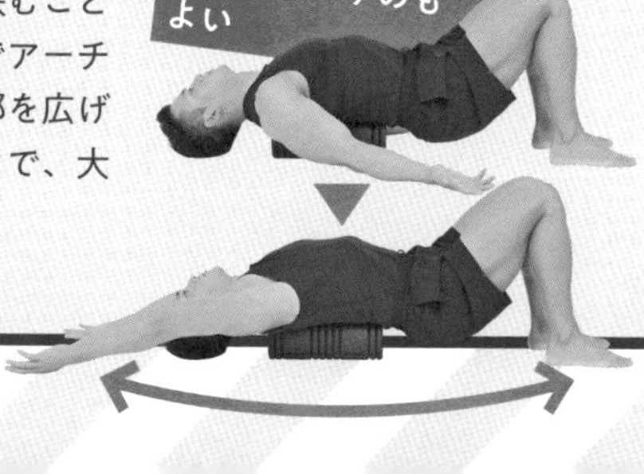

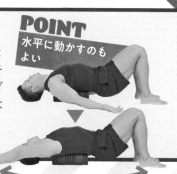

小胸筋の
ボール押圧リリース（うつ伏せ）

有効なトレーニング＆スポーツ動作	ベンチプレス系	プルオーバー系	プルダウン系

目安:左右各15秒以上

READY

うつ伏せになり、胸と床の間にボールを挟む

左右の手と脚で
バランスをとりながら、
ボールのない側の
肩・腰をやや上げる

ボールの位置は、
鎖骨と三角筋前部の間

ボール側の手を床から離し、
体重をかける

PRESS

ココの可動域が大事

深層の小胸筋にボールを届かせる

大胸筋の深層にある小胸筋は、肩甲骨の前から肋骨にかけ、斜め下方向に伸びている。大胸筋との伸ばし分けが難しいため、ボールで局所的に伸ばすのがこの種目。深層筋であるため、深くアプローチするために片側ずつ体重をかける。巻き肩の解消にも効果がある。

POINT
ボールの位置を調整しながら行う

胸

小胸筋

胸

前鋸筋

前鋸筋の ストレッチポール押圧モーション

有効なトレーニング＆スポーツ動作	ベンチプレス系

目安:左右各10回以上

PRESS

横向きに寝る

手と脚でバランスをとり、体重をかけすぎないように

肋骨と床の間にフォームローラーを挟む

肋骨下部までスライドさせたら、スタートポジションに戻す

カラダを縦方向にスライドさせる

MOVE

ココの可動域が大事

マッサージするようにゆっくりほぐしていく

肋骨の1本1本に沿うようについている前鋸筋は、スタティック・ストレッチで伸ばすのが困難。自分の手やフォームローラー、ストレッチポールでほぐしていくのが有効だ。骨に当たるため、柔らかいポールがおすすめ。前鋸筋がコントロールしやすくなると、プレス動作における肩の安定性が高まる。

POINT
両手で圧や位置を調整

腹直筋の
スタティック・ストレッチ

有効なトレーニング& スポーツ動作	クランチ系

目安:15秒以上

READY

うつ伏せになり、床に手をついて上体を上げる

骨盤は床につける

下半身は
固定する

骨盤は前傾させる
イメージ

背中を反らす

STRETCH

ココの可動域が大事

骨盤や脊柱の可動性の獲得にも有効

腹直筋は、肋骨から骨盤前部にかけて縦に伸び、
体幹を前に屈曲させる筋肉。その逆の動きとなる
背中を反っていくストレッチだ。上半身を起こす
だけで背骨を反らせていないのは NG。腹直筋の
みならず、骨盤や脊柱の可動域を確保する上でも
有効なストレッチだ。

NG

上体の反りが
不十分

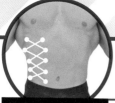

腹斜筋群の
スタティック・ストレッチ

有効なトレーニング＆ スポーツ動作	クランチ系	投げる・振り下ろす	打つ・突く

目安:左右各15秒以上

READY

うつ伏せになり、手をついて上体を上げる

骨盤は床につける

下半身は
固定する

骨盤は前傾させる
イメージ

背中を反らしながら、
横方向に上体を捻る

STRETCH

ココの可動域が大事

斜め後ろに捻る意識が重要

腹斜筋は斜め方向に伸びているため、前頁のストレッチに捻りを加える。ただ横を向くのではなく、肋骨と骨盤の対角側を引き離していくイメージで行うとよい。035 のストレッチとともに上体の回旋可動域を広げる効果があり、呼吸や腹圧にも好影響をもたらす。

別アングル

岡田隆の
Bazooka Column

一流のトレーニングは可動域が違う!

　私は柔道日本代表の体力強化を指導した経験があります。その際、最初に取り組んだのが、ウォーミングアップの改善でした。当時の柔道界では、筋力の発揮を損なうという考えから、競技前のスタティック・ストレッチが避けられていたのですが、スタティック・ストレッチからコレクティブ・エクササイズまで導入しました。すると、パフォーマンスの改善とケガの防止に効果が見られました。特に力を入れたのが、肩甲骨まわりや胸椎の柔軟性向上です。柔道選手は筋肉量が多く、激しい練習で筋肉痛も常態化しており、さらに厚い柔道着の影響もあって、可動域が低下している傾向にあります。その制約をストレッチにより取り払うことで、技のバリエーションが広がり、組手の限られたスペースの中で自由に動けるようにもなりました。そして彼らは、オリンピックで金メダルを獲得しています。この筋力と柔軟性の関係は、ボディメイクにもヒントを与えてくれます。例えばベンチプレスやスクワットなどで対象筋の柔軟性を高めると、扱える重量が落ちてしまうことがあります。狭い可動域により勝手に反発してくれていた力を、自分の筋力で補わなければならないためでしょう。この理由からストレッチに力を入れないボディビルダーも少なくありません。

　しかし、一流のボディビル競技者は違います。彼らの多くは可動域がもたらす筋肥大・除脂肪を理解しているため、柔軟性を意識しています。雑誌やインターネットを見ると、トップビルダーも、そしてジムにいる多くのボディビルダーも同じような種目・重量でトレーニングをしているにもかかわらず、見た目に差がありますが、これは動きの質に対して細かく向き合っていることも寄与していると考えています。

　皆さんに意識してほしいのは、スポーツにおける筋力、ボディメイクにおける重量は、一つの指標に過ぎず、それがゴールではないということ。パワーリフターではない限り、広い可動域と正しいフォームでトレーニングを行うことは、高重量を扱うのと同じように必要なのです。自分の弱点、ネックになっている部位を見つけ出し、適切にアプローチすることが有効でしょう。

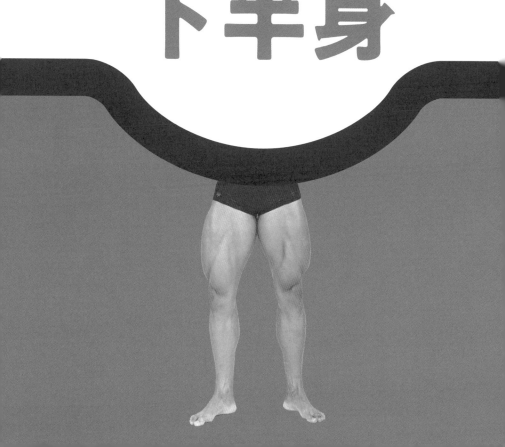

PART 03

部位別ストレッチ図鑑
下半身

下半身を伸ばす

　硬さに悩む人が多い下半身。スクワットやデッドリフトなどの種目はもちろん、ベンチプレスなど上半身の種目、ランニングや競技における基本動作、日常的な姿勢などでもその柔軟性が有効に働きます。ひざや足首、坐骨神経など、ターゲットにすべき部位はさまざまですが、なかでも重要なのは股関節と足関節。特にさまざまな方向に動かすことができる股関節は、大臀筋、ハムストリングス、大腿四頭筋、内転筋群など、ボディメイクでも重要な複数の筋肉が関与しており、可動域を広くすることで、飛躍的に見た目を変えてくれるのです。

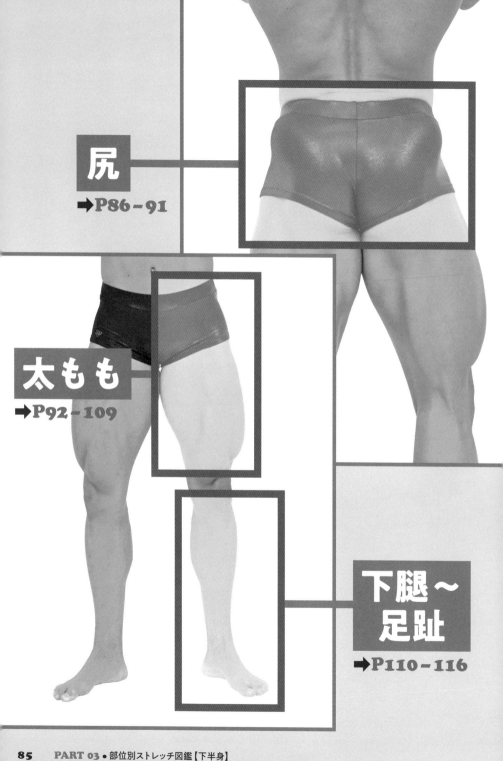

尻
→P86~91

太もも
→P92~109

下腿～
足趾
→P110~116

大臀筋（上部・下部）の
スタティック・ストレッチ（低強度）

有効なトレーニング&スポーツ動作	スクワット系	ヒップスラスト系	デッドリフト系

目安：左右各15秒以上

READY

仰向けになり、
脚を逆のひざに引っ掛ける

逆の脚を手で押さえる

頭は床につける

横に曲げている
脚側の尻を伸ばす

手を引きつける

STRETCH

ココの可動域が大事

脚を引っ掛け、横方向の伸張を加える

大臀筋の主な作用は、股関節を後方に動かす股関節の伸展と、股関節を外側に捻る股関節の外旋。筋線維が斜めに通っているため、まず横方向に曲げてから股関節を屈曲させると伸張する。引っ掛けるのは、くるぶしの端を目安にするとよい。強度が厳しい場合は、手を組む位置をすねではなくもも裏にする。

尻

大臀筋（上部・下部）

尻

大臀筋（上部下部）

大臀筋（上部・下部）の
スタティック・ストレッチ（強度アップ）

有効なトレーニング＆スポーツ動作	スクワット系	ヒップスラスト系	デッドリフト系

目安:左右各15秒以上

READY

**床に座り、前脚のすねが骨盤と平行となるように
ひざを直角に曲げる**

逆の脚は後方へ伸ばす

ひじを床につき、
上体を支える

腹を太ももにつける
イメージで股関節を屈曲

上体を前に倒す

STRETCH

ココの可動域が大事

腰痛の予防にも有効

前頁で紹介したストレッチの強度を高めた種目。後ろに伸ばしている脚を内側に捻り、ひざを床に向けると伸張しやすくなる。さらに強度を高めるためには、上体を捻り、前の脚のひざと対角の肩をくっつけるようにする。ストレッチポールに腕をのせ、前にスライドさせる方法も有効。姿勢に関わる重要な筋肉であり、腰痛を感じる人にもおすすめだ。

中臀筋&小臀筋の スタティック・ストレッチ

有効なトレーニング&スポーツ動作	スクワット系	サイドランジ系

目安:左右各15秒以上

READY

長座から脚を交差させ、片ひざを立てる

足は逆の脚のひざの外側につける

逆の脚は伸ばす

立てたひざを抱えて引き寄せる

腕を引き、ひざを立てている脚の尻を伸ばしていく

STRETCH

ココの可動域が大事

中臀筋の筋線維方向に合わせる

中臀筋は主に骨盤横の大転子へ筋線維が伸びているため、その向きに合わせて伸ばすのがこの種目。伸ばしている脚を曲げ、ひざで下腿を固定させると強度が増す。中臀筋は姿勢を保つために働き、硬くなりやすい筋肉でもあるため、ストレッチで緩めることが重要だ。

強度アップVer.

88

中臀筋&小臀筋

中臀筋&小臀筋の
ストレッチポール押圧モーション（側臥位）

有効なトレーニング& スポーツ動作	スクワット系	サイドランジ系

目安:左右各10回以上

PRESS

**横向きに寝て、ストレッチ
ポールを尻の下に置く**

下側の脚は伸ばし、
上側の脚を後ろにまわして
バランスをとる

下側の腕のひじをつく

骨盤横の出っ張り（大転子）より
やや後方が目安。
真横に当てると大腿筋膜張筋への
アプローチとなる

中臀筋&小臀筋

**上半身方向に
カラダをスライドさせる**

十分にスライドさせたら、
スタートポジションに戻す

MOVE

ココの可動域が大事

ボールを当てると小臀筋に効く

中臀筋全体をリリースさせる種目。ボールを床に
挟むことで、局所的な押圧も可能になり、深層の
小臀筋に届きやすくなる。その際は後ろの脚も伸
ばして体重をかけたい。ストレッチポールやボー
ルを当てる場所は、骨盤の真横よりやや後方の、
尻の窪みが目安。

**強度アップ
Ver.**

外旋筋群の
スタティック・ストレッチ

有効なトレーニング&スポーツ動作	ヒップアブダクション系	スクワット系

目安:左右各15秒以上

READY

座った状態で右の股関節を
内側に捻り、つま先を外に向ける

逆の足を
ももの上にのせる

手を床につけて
バランスをとる

この場合、ストレッチするのは
右側の外旋筋群

骨盤が持っていかれない
ように注意

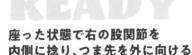

上側の脚で下の脚を
床方向へ押していく

STRETCH

ココの可動域が大事

骨盤が横に逃げないように脚を捻る

外旋筋群はその名の通り、股関節を外に捻る外旋が主な作用。逆の動きに当たる内旋を、脚の重みを利用して行うのがこの種目。脚の捻りだけに集中させるため、骨盤の位置はなるべく固定する。外旋筋群が硬すぎると、骨盤が後傾しやすくなるため、この部位の柔軟性の維持は必須だ。

NG

骨盤も横に
倒してしまう

90

尻

外旋筋群

尻

臀筋群

臀筋群の
動的ストレッチ（タオル）

有効なトレーニング＆スポーツ動作	スクワット系	デッドリフト系

目安：左右各15回以上

READY

タオルを両手で持ち、足のつま先に引っ掛ける

タオル側の脚が
上になるように、
横に倒す

ひざを曲げる

ひざを伸ばし、脚全体を
横に倒していく

脚全体を対側に倒していく

STRETCH

ココの可動域が大事

臀筋群全体を動かしながら緩める

臀筋群全体に動きを与えるストレッチ。股関節を
閉じる内転の状態でひざを伸ばすことで、外転で
作用する中臀筋と小臀筋も伸ばすことができる。
ひざの曲げ伸ばしに加え、脚を垂直に立てた状態
から横に倒す動きを入れるのも効果的。また、逆
の脚を内側に捻ると、より伸張が強くなる。

強度アップVer.

腸腰筋のスタティック・ストレッチ（仰向け）

有効なトレーニング＆ スポーツ動作	ニーアップ系	ランジ系	ベンチプレス系

目安:左右各15秒以上

READY

**仰向けになり、
片脚のひざを両手で抱える**

逆の脚は伸ばし、
床にピッタリとつける

逆の脚を床に
つけつづけるのが
ポイント

手でひざを上体側に引いてくる

STRETCH

ココの可動域が大事

腸腰筋が詰まったり、痛んだりする人向けの種目

このストレッチのターゲットは、伸ばしている脚の腸腰筋。腸腰筋が硬い場合、逆のひざを引くほど伸ばしているももも引かれてしまうが、床につけることで伸ばせる。腸腰筋はデスクワークで常に収縮しているため、硬い人はこの種目を行ってから次頁のストレッチを行うとよい。

NG

反対側の脚が
上がってしまう

92

太もも

腸腰筋のスタティック・ストレッチ

有効なトレーニング&スポーツ動作	ニーアップ系	ランジ系	ベンチプレス系

目安:左右各15秒以上

太もも

腸腰筋

太もも

腸腰筋

READY

片ひざ立ちの姿勢になる

上体は真っ直ぐ前を向く

手を前のひざにかける

尻に力を入れる

後ろ脚のもものつけ根が伸びるように

両脚を前に倒していく

STRETCH

ココの可動域が大事

脚のつけ根の前側を伸ばす

脚のつけ根の前側にあるのが腸腰筋。大腿骨を後方へ動かすと伸張する。骨盤を真っ直ぐに前へ向かせるのがポイントで、前側の足を前方に置くほど伸ばしやすい。腸腰筋の柔軟性は、ベンチプレスのスタート姿勢をつくる上でも重要。

腰が後ろに反りすぎて股関節が伸びてない

大腿四頭筋（大腿直筋）の スタティック・ストレッチ

有効なトレーニング&スポーツ動作	スクワット系	レッグエクステンション系

目安:左右各15秒以上

READY

立位で壁に手をつき、バランスをとる

腰は反らさない

ひざを曲げ、つま先を手で押さえる

かかとを尻に近づけるイメージ

かかとを尻のほうへ手で引く

STRETCH

ココの可動域が大事

ひざを曲げてから、股関節を伸展させる

大腿四頭筋のうち、大腿直筋は膝関節と股関節にまたがる二関節筋。そのため、まずひざを曲げきり、さらに尻を締めて股関節を伸展させていくイメージで行う。大腿直筋は骨盤の前傾にも関わっており、反り腰の人は積極的にストレッチしていきたい。

うつ伏せVer.

大腿四頭筋（内側広筋&外側広筋）の スタティック・ストレッチ

有効なトレーニング& スポーツ動作	スクワット系	レッグエクステンション系

目安:左右各15秒以上

STRETCH

壁に手をつき、051のストレッチを、
足先を外側に向ける形で行う

外側広筋Ver.

内側広筋Ver.

壁に手をつき、
051のストレッチを、
足先を内側に向ける形で行う

STRETCH

ココの可動域が大事

ひざの柔軟性を高める

前頁のストレッチを、ひざの角度を変えることで、
大腿四頭筋の内側にある内側広筋、外側にある外
側広筋を狙う種目。ひざの前方を痛めがちな人や、
走っていて太ももが張るような人は、大腿四頭筋
をまんべんなくストレッチするとよい。

うつ伏せVer.

左側縦書き:
太もも
大腿四頭筋（大腿直筋）
太もも
大腿四頭筋（内側広筋&外側広筋）

大腿四頭筋の
ストレッチポール押圧

有効なトレーニング&スポーツ動作	スクワット系	レッグエクステンション系

目安:左右各10回以上

READY

ひじを床につく

片側のももを
フォームローラー（ストレッチポール）にのせる

股関節のつけ根からひざの上まで
まんべんなくスライドさせる

**ひじを支点にして、
全身を前後にスライドさせる**

MOVE

ココの可動域が大事

大腿四頭筋それぞれにアプローチ

大腿四頭筋全体をリリースさせる種目。カラダを
左右に傾け、当てる位置を調整することで、内側
広筋や外側広筋を狙うこともできる。またひざを
曲げるモーションを加えると、大腿四頭筋のリ
リース効果がアップする。

**ひざのモーションを
入れるのも有効**

縫工筋（大腿四頭筋）の
スタティック・ストレッチ

有効なトレーニング&スポーツ動作	スクワット系	走る	跳ぶ

目安:左右各15秒以上

READY

**うつ伏せに寝て、
かかとを手で押さえる**

骨盤は傾けずに床につける

できるだけ骨盤は
浮かせない

**手でかかとを引き、
つま先を外側に倒す**

STRETCH

ココの可動域が大事

ひざの動きを最適化する

骨盤から脛骨に斜めに伸びる縫工筋は、股関節を閉じ、内側に捻る動きで伸張する。この際に骨盤ごと動かさず、大腿部だけを捻るのがポイント。股関節や膝関節の動きをよくし、ランナーが陥りやすい鵞足炎（がそく）の防止などにも役立つ。

タオルを使うと
やりやすい

内転筋群の
スタティック・ストレッチ

有効なトレーニング＆スポーツ動作	スクワット系	ヒップアダクション系

目安：左右各15秒以上

READY

立位で脚を左右に開き、ひざに手をつける

伸ばした脚の
ひざとつま先は
前に向けたまま、
内ももを伸ばす

片方の脚を伸ばし、
ひざとつま先を
前に向ける

**曲げている脚のほうに体重を
移動させながら、ひざを曲げていく**

STRETCH

ココの可動域が大事

腰を落とす種目の動きを円滑化

内転筋群の多くは、骨盤の下部から大腿骨の内側
へ斜め方向に伸びている。そのため、伸ばした脚
のひざとつま先を前に向けることがポイントにな
る。四つんばいになり脚を開くと、より伸張する。
内転筋群の柔軟性を高めると、スクワットなどで
腰を落とす動きがスムーズになる。

四つんばい
Ver.

98

内転筋群の
ストレッチポール押圧

有効なトレーニング&スポーツ動作	スクワット系	ヒップアダクション系

目安:左右各10回以上

PRESS

座位で片脚を横に開き、ひざを曲げる

逆の脚は前に伸ばす

フォームローラー（ストレッチポール）を内ももの下に置く

十分にスライドさせたら、スタートポジションに戻す

カラダを傾け、フォームローラーをスライドさせる

MOVE

ココの可動域が大事

ひざとつま先を外側に向ける

内転筋全体をリリースさせる種目。ワイドスタンスのスクワットやサイドランジの動きをスムーズにする効果がある。内ももを床に向けることがポイントで、押圧する側の脚のひざとつま先を上に向けるとハムストリングスの押圧になるので、区別して実施しよう。

POINT
つま先を上に向け、ハムストリングスも一緒にほぐすとよい

太もも

内転筋群

太もも

内転筋群

内転筋群の動的ストレッチ（タオル）

有効なトレーニング＆スポーツ動作	スクワット系	ヒップアダクション系

目安:左右各10回以上

READY

うつ伏せに寝て、片脚のひざを曲げる

タオルをつま先に引っ掛ける

ひざとつま先は外側に向ける

上体、伸ばしている脚は上に向けたまま

十分に伸張したら、スタートポジションに戻す

手でサポート

ひざとつま先は外側に向けたまま

手でタオルを引き、ひざを伸ばしていく

MOVE

ココの可動域が大事

脚を外側に倒した状態で動かす

タオルを使い、動かしながら内転筋群の可動域を広げる種目。脚をできるだけ床に近づけ、ひざを伸ばすことがポイント。内転筋群が上になるように、ひざとつま先を上ではなく外側に向けることが重要。内転筋群はさまざまな方向に筋が伸びているため、それらの方向にゆっくり伸ばして柔軟性を高めたい。

NG

脚を浮かせすぎ

100

大腿筋膜張筋の スタティック・ストレッチ

有効なトレーニング& スポーツ動作	ヒップアブダクション系	デッドリフト系

目安:左右各15秒以上

READY

立位で壁に手をつけ、
カラダを支える

→

脚は伸ばした状態で
後方でクロスさせる

骨盤を横方向に突き出していく

STRETCH

ココの可動域が大事

骨盤を横方向に曲げる

股関節の外転、内旋、屈曲などを担う大腿筋膜張筋は、骨盤の外側についている。そのため、大腿骨を内転させてから骨盤を横に突き出すことで伸ばすことができる。腰の外側を中心に弧をつくるイメージで行うとよい。大腿筋膜張筋を柔らかくすると、反り腰の改善も期待できる。

**ひざが
曲がってしまう**

太もも

内転筋群

太もも

大腿筋膜張筋

大腿筋膜張筋のボール押圧

有効なトレーニング&スポーツ動作	ヒップアブダクション系	デッドリフト系

目安:左右各15秒以上

READY

座位になり、
骨盤の外側を上に向ける

骨盤の出っ張っている骨
(上前腸骨棘 じょうぜんちょうこつきょく)のすぐ下に
ボールを当て、手で押す

PRESS

ココの可動域が大事

骨盤外側の緊張状態をほぐす

大腿筋膜張筋はその名の通り、多くのシーンで張った状態になっている。ピンポイントでの押圧が効果的なため、ボールでの押圧がおすすめ。押圧する部位は、ローラーなどで股関節を内旋させると緊張するため探しやすい。

POINT
フォームローラー
などを置いて部位を確認

太もも

大腿筋膜張筋

太もも

ハムストリングス

ハムストリングスの スタティック・ストレッチ(長座体前屈)

有効なトレーニング&スポーツ動作	デッドリフト系	スクワット系	レッグカール系

目安:15秒以上

READY

座って脚を前方に伸ばし、腕はつま先方向に伸ばす

つま先は上に向ける

ひざは曲げない

股関節を起点に曲げる

ひざ、つま先はできるだけ固定

上体を前方に倒す

STRETCH

ココの可動域が大事

ハムストリングスの基本ストレッチ

一般的な長座体前屈。ひざを曲げる方法もあるが、ハムストリングス狙いの場合は伸ばすと効果的。手がつま先につかなくてもOKだ。つま先同士はくっつけ、ふくらはぎを伸ばすように背屈させるとよい。硬い人が多いハムストリングスの基本的なストレッチだ。

POINT
脚の張りが強い場合は、ひざを軽く曲げてもよい

ハムストリングスの
スタティック・ストレッチ（ジャックナイフ）

有効なトレーニング& スポーツ動作	デッドリフト系	スクワット系	レッグカール系

目安：15秒以上

READY

しゃがんだ状態で、手で足首をつかむ

背中を丸め、
顔は下に向ける

胸と
前ももは
つけたまま

視線は後方に
向ける

胸と前ももを
つける

**尻を頂点に上げるように、
ひざを伸ばしていく**

STRETCH
ING

ココの可動域が大事

長座体前屈よりも難易度が高い種目

長座体前屈に対し、最初から股関節を曲げきった
状態で、ハムストリングスを伸ばしていく種目。
膝関節の伸展における動的要素が加わる。この際、
胸と前ももをつけたまま行うことがポイント。ケ
ガに注意しながらゆっくりと行いたい。前頁のス
トレッチの後に行うとよい。

**胸が脚から
離れる**

104

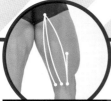

ハムストリングスの
ストレッチポール押圧

有効なトレーニング&スポーツ動作	デッドリフト系	スクワット系	レッグカール系

目安:左右各10回以上

READY

脚を伸ばし、裏ももの下にフォームローラー(ストレッチポール)を置く

伸ばした脚のひざ、つま先は上に向ける

MOVE

カラダを傾け、フォームローラーをスライドさせる

十分にスライドさせたら、スタートポジションに戻す

ココの可動域が大事

角度を変え、くまなくストレッチさせる

ハムストリングス全体をリリースさせる種目。全体を狙うには、脚を真っ直ぐに、ひざとつま先を上に向ける。一方、脚を外側に捻ると大腿二頭筋に、内側に捻ると半腱様筋と半膜様筋にターゲットを絞ることができる。肉離れの予防などにも効果的だ。

POINT
脚の向きで大腿二頭筋と半腱&半膜様筋を切り替える

太もも

ハムストリングス

太もも

ハムストリングス

ハムストリングス（大腿二頭筋）の スタティック・ストレッチ

有効なトレーニング&スポーツ動作	デッドリフト系	スクワット系	レッグカール系

目安:左右各15秒以上

READY

脚を伸ばし、ベンチや台に かかとをのせる

脚を内旋させ、 ひざ、つま先を やや内側に向ける

股関節の 屈曲を意識

ひざは伸ばしたまま

腕を伸ばし、上体を前に倒す

STRETCH

ココの可動域が大事

裏ももの外側を狙ってストレッチ

ハムストリングスのうち、大腿二頭筋は裏ももの外側についており、外旋の作用を持つ。そのため、脚を内側に捻ることで、ターゲットを絞って伸ばすことが可能。上体を捻り、伸ばした脚と逆の手を足の小指側につけていくと、より伸張する。股関節から上体を倒し、お腹を太ももに近づけることが重要。

骨盤が 後ろに丸まる

106

太もも

ハムストリングス（大腿二頭筋）

太もも

ハムストリングス（半腱様筋&半膜様筋）

ハムストリングス（半腱様筋&半膜様筋）の スタティック・ストレッチ

有効なトレーニング&スポーツ動作	デッドリフト系	スクワット系	レッグカール系

目安:左右各15秒以上

READY

脚を伸ばし、ベンチや台にかかとをのせる

脚を外旋させ、ひざ、つま先をやや外側に向ける

ひざは伸ばしたまま

股関節の屈曲を意識

腕を伸ばし、上体を前に倒す

STRETCH

ココの可動域が大事

裏ももの内側を狙ってストレッチ

ハムストリングスのうち、半腱様筋と半膜様筋は裏ももの内側についており、内旋の作用を持つ。そのため、脚を外側に捻ると伸ばすことが可能。普段の姿勢や動作のクセにより、伸びている感覚が内外旋逆に出る場合がある。感覚の違いや力の入りやすさなど、自身のカラダの気づきとして活かせるとよい。

骨盤が後ろに丸まる

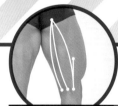

ハムストリングス（坐骨神経）の動的ストレッチ

有効なトレーニング＆スポーツ動作	デッドリフト系

目安:左右各10回以上

READY

仰向けに寝て、片脚のつま先にタオルを引っ掛ける

ひざは曲げる

ひざが伸びきる
直前で止める

ももを床に対して
垂直に立てる

タオルを引き、ひざを伸ばしていく

MOVE

ココの可動域が大事

坐骨神経にも動きを与えることができる

坐骨神経は、骨盤後部から脚の後ろ側を通る、人体で最も長い末梢神経。ある程度ハムストリングスが伸びている状態から、ひざを伸展させる動作を繰り返すとよい。スティッフレッグ・デッドリフトやルーマニアン・デッドリフトの円滑な動き、坐骨神経痛の予防などにも効果があるとされる。

NG

骨盤や反対の脚が
浮いてしまう

ハムストリングスの動的ストレッチ（グライダー）

有効なトレーニング&スポーツ動作	デッドリフト系	スクワット系	レッグカール系

目安:左右各10回以上

READY

壁に手をつき、壁側の脚を
後ろに下げ、つま先を立てる

前の脚のひざは
曲げない

十分に伸張したら、
スタートポジションに
戻す

**前後の脚を開きながら、
腰を落としていく**

タオルなどの
スライドさせやすい
ものを敷く

MOVE

ココの可動域が大事

動作スピードをコントロールする

ハムストリングスに動きを与え、強い刺激で伸ばす種目。主に動かすのは後ろの脚だが、伸ばすのは前脚のハムストリングス。できる限りひざは伸ばすとよい。ケガをしやすいので、必ず壁や手すりを使い、ゆっくりと行おう。肉離れのリハビリにも有効だ。

前脚のひざが
曲がってしまう

太もも

ハムストリングス（坐骨神経）

太もも

ハムストリングス

前脛骨筋の
スタティック・ストレッチ

有効なトレーニング& スポーツ動作	スクワット系	走る	跳ぶ

目安:左右各15秒以上

READY

片ひざを曲げ、
かかとに尻をのせる

手を床につき、
バランスをとる

ひざを上げ、すねの前を伸ばしていく

STRETCH

ココの可動域が大事

しゃがみ込みに重要な柔軟性

下腿の前に伸びる前脛骨筋は、足首を手前に曲げる背屈が主な作用。正座のような状態で足首を伸ばすとストレッチできる。柔軟性が高まると足首を動かしやすくなり、背屈の制限が減るため、スクワットでしゃがみ込みやすくなる。ランニングやジャンプの動きにも有効。

ボール押圧
Ver.

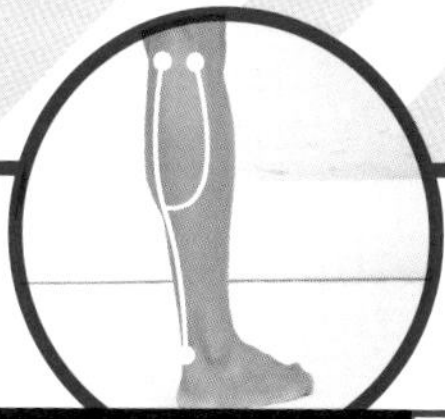

腓腹筋のスタティック・ストレッチ

有効なトレーニング&スポーツ動作	スクワット系	カーフレイズ系

目安:15秒以上

READY
四つんばいになる
ひざは伸ばす
頭側に重心を寄せ、かかとを浮かせる
ひざは伸ばしたまま
かかとを床につけ、ふくらはぎを伸ばす
STRETCH

ココの可動域が大事

ひざを伸ばすことでストレッチが最大化

ふくらはぎにある腓腹筋は、大腿骨からかかとに伸びる二関節筋。そのため、ひざを伸ばした状態で足首を背屈させていくと伸ばすことができる。片脚で行うと強度が増す。下腿の上部裏側がストレッチされる感覚が重要だ。

POINT
片脚支持で強度アップ

腓腹筋（坐骨神経）の動的ストレッチ

有効なトレーニング＆ スポーツ動作	スクワット系	デッドリフト系	カーフレイズ系

目安：左右各10回以上

READY

仰向けに寝て、
つま先にタオルを引っ掛ける

ひざは伸ばす

十分に足首が屈曲したら、
スタートポジションに戻す

ひざは
伸ばしたまま

手でタオルを引き、足首を曲げる

MOVE

ココの可動域が大事

腰痛や坐骨神経痛の改善に

下腿にも伸びている坐骨神経とともに、腓腹筋やハムストリングスに動きを与えながら伸ばしていくストレッチ。ひざを伸ばしたままで、足首を上下真っ直ぐに動かすのがポイント。ストレッチでのしゃがみ込みがしやすくなるほか、腰痛や坐骨神経痛の改善などに効果がある。

NG

ひざが
曲がってしまう

112

ヒラメ筋の スタティック・ストレッチ

有効なトレーニング& スポーツ動作	スクワット系	カーフレイズ系

目安:左右各15秒以上

READY

**座って片ひざを立て、
もも裏とふくらはぎがつくように
ひざを曲げる**

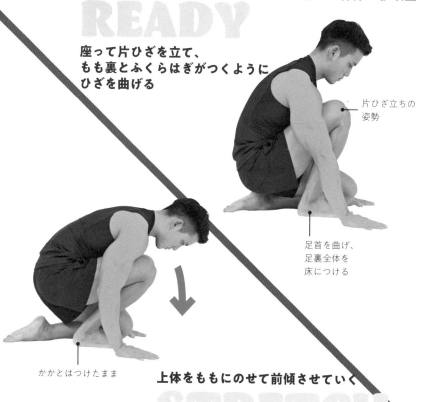

片ひざ立ちの
姿勢

足首を曲げ、
足裏全体を
床につける

かかとはつけたまま

上体をももにのせて前傾させていく

STRETCH

ココの可動域が大事

ふくらはぎの深部を伸ばしていく

ヒラメ筋は腓腹筋の奥にある筋肉。ひざを屈曲さ
せることで腓腹筋の関与を減らし、ヒラメ筋にター
ゲットを絞ることができる。アキレス腱から下腿
上部までの全体的なストレッチ感覚を重視したい。
しゃがみ込みのしやすさ、立位の際の安定におい
て重要。

**かかとが
上がってしまう**

足趾屈筋群の
スタティック・ストレッチ

有効なトレーニング& スポーツ動作	ランジ系	走る

目安:15秒以上

READY

ひざを床につけて立つ

足首を曲げ、
指を背屈させて
床につける

尻をかかとにのせ、体重をかける

STRETCH

ココの可動域が大事

足裏のアーチを伸ばし立ちやすくする

足の指を曲げる足趾屈筋群は、主に足の裏に位置する。そのため、かかとから指先までを伸ばすことが重要で、足首を曲げた正座の体勢でストレッチできる。足底は感覚が弱くなっている人が多いため、前後のストレッチで動きを円滑にすることが重要だ。

POINT
片足ずつで
強度アップ

足趾屈筋群のボール押圧

有効なトレーニング&スポーツ動作	ランジ系	スクワット系	デッドリフト系

目安:左右各15秒以上

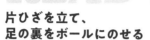

READY

片ひざを立て、
足の裏をボールにのせる

足の指で
ボールを
つかむように
する

**手でひざを押しながら、
ボールに圧力をかける**

PRESS

ココの可動域が大事

局所的なアプローチも有効

ボールを使用して足の裏にアプローチする方法。
足の裏に刺激を入れ活性化させると、地面からの
情報を受容しやすくなり、立位で行うスクワットや
デッドリフトでバランスを意識しやすくなる。また、
足裏にあるアーチが生まれやすくなる効果も期待
できる。

POINT
立位で
難易度アップ

下腿〜足趾

足趾屈筋群

下腿〜足趾

足趾屈筋群

足趾伸筋群の
スタティック・ストレッチ

有効なトレーニング＆スポーツ動作	ランジ系

目安:左右各15秒以上

READY

立った状態で、片脚の足首を伸ばし、
指先を床につける

指を曲げながら、
足首を伸ばしていく

STRETCH

ココの可動域が大事

足の指の細かい動きを改善！

足の指を足の甲側に曲げるのが、足趾伸筋群の作用。
その逆の動きでストレッチさせるのがこの種目だ。前
脛骨筋もストレッチされるが、さらに指の伸びを意識
するとよい。角度を変えながら、指一本一本を伸ばし
ていくとより効果的。

POINT
しっかり指を
底屈させる

PART 04

トレーニング別「必須可動域」ストレッチ図鑑

獲得した
可動域を
トレーニング
動作に慣らす

コレクティブ・エクササイズは
さまざまな機能不全を正すことが
目的です。大切なのは、トレーニ
ング動作に制限を与える要素を取
り払い、効果を最大化させること
です。制限要素はさまざまであ
り、特に多くの種目に関わるのが
肩甲骨、脊柱、腹圧、骨盤でしょ
う。これらが正しく機能しない
と、代償動作により負荷が分散さ
れ、トレーニング効果が落ちてし
まうエラーが起こります。エクサ
サイズで意識的にアプローチし、
実際のトレーニング時に無意識レ
ベルで最適なポジションや動作を
維持できるよう、カラダを慣らし
ていきましょう。

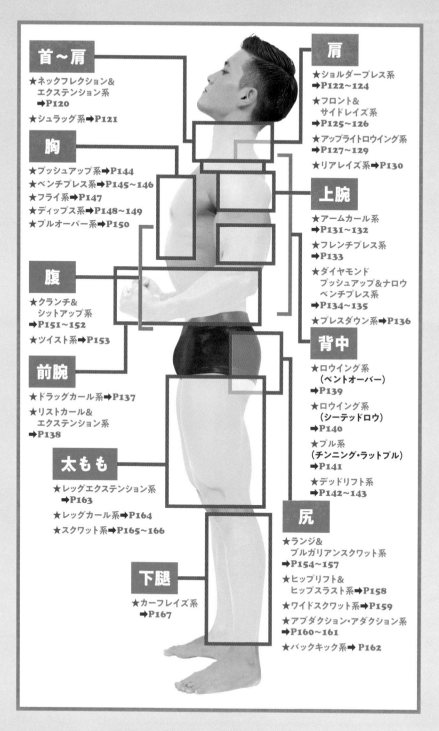

首〜肩

★ネックフレクション&
　エクステンション系
　➡P120

★シュラッグ系➡P121

胸

★プッシュアップ系➡P144
★ベンチプレス系➡P145〜146
★フライ系➡P147
★ディップス系➡P148〜149
★プルオーバー系➡P150

腹

★クランチ&
　シットアップ系
　➡P151〜152

★ツイスト系➡P153

前腕

★ドラッグカール系➡P137

★リストカール&
　エクステンション系
　➡P138

太もも

★レッグエクステンション系
　➡P163
★レッグカール系➡P164
★スクワット系➡P165〜166

下腿

★カーフレイズ系
　➡P167

肩

★ショルダープレス系
　➡P122〜124

★フロント&
　サイドレイズ系
　➡P125〜126

★アップライトロウイング系
　➡P127〜129

★リアレイズ系➡P130

上腕

★アームカール系
　➡P131〜132

★フレンチプレス系
　➡P133

★ダイヤモンド
　プッシュアップ&ナロウ
　ベンチプレス系
　➡P134〜135

★プレスダウン系➡P136

背中

★ロウイング系
　（ベントオーバー）
　➡P139

★ロウイング系
　（シーテッドロウ）
　➡P140

★プル系
　（チンニング・ラットプル）
　➡P141

★デッドリフト系
　➡P142〜143

尻

★ランジ&
　ブルガリアンスクワット系
　➡P154〜157

★ヒップリフト&
　ヒップスラスト系➡P158

★ワイドスクワット系➡P159

★アブダクション・アダクション系
　➡P160〜161

★バックキック系➡P162

ネックフレクション&エクステンション系
チンイン&ネックムーブ

一緒にやるべき ストレッチ	P042/P043/ P135	その他の有効な トレーニング& スポーツ動作	ディップス 系	ロウイング 系	スクワット 系	フレンチ プレス系

目安:10回以上

あごを引く

四つんばいになる

後頭部を後ろに押しつけるように
首を後方に曲げていく

ココの可動域が大事

首を曲げきる

首のケガの予防に有効

ストレッチポールにカラダをのせ、首の動きに集中したネックムーブ（P135）に対し、この種目では四つんばいで体幹や肩甲骨などを動員する。その結果、首が他の部位と連動しやすくなり、首を痛めやすいさまざまな種目でケガを予防できる。トレーニング時に歯を食いしばる人にもおすすめ。

肩が上がってしまう

シュラッグ系
Aスキャプラー（パピー）

首〜肩

ネックフレクション&エクステンション系

首〜肩

シュラッグ系

一緒にやるべきストレッチ	PO44/P133/P135	その他の有効なトレーニング&スポーツ動作	ロウイング系	ベンチプレス系	ショルダープレス系	投げる	当たる

目安:10回以上

READY

うつ伏せになり、腕を前に出して、
前腕でハの字をつくる

首を曲げない

前腕は床に
つけたまま

**前腕と肩甲骨で
床を押すイメージで上体を上げる**

MOVE

ココの可動域が大事

間違った首の連動を予防する

シュラッグの動作で起こりがちな、首を必要以上
に反らしてしまうエラーを解消する種目。肋骨に
ある前鋸筋を使いながら、肩甲骨全体を前に出す
動きを、首を後ろに曲げずに行う。前腕と肩甲骨
で床を押すイメージで行うと、自動的に慣らすこ
とができる。

あごや肩が
上がる

ショルダープレス系
オーバーヘッドショルダーパッキング

一緒にやるべきストレッチ	P065/P066/P067	その他の有効なトレーニング＆スポーツ動作	ロウイング系	プル系

目安:10回以上

READY

立位の状態で、腕を開き、
斜め45度に上げる

ひじを伸ばす

背骨が
真っ直ぐに
なるように

肩甲骨を
最大限落とす

腕と肩はそのままに、
肩甲骨全体を下げる

MOVE

ココの可動域が大事

肩甲骨の下制をアクティベートする

デスクワーカーを中心に、肩甲骨の下にある筋肉が伸びきってしまっている人が多い。プレス動作で重要な肩甲骨の下制を円滑に行うため、意識的に収縮させるのがこの種目。肩甲骨を落とせるようになると、力の入りやすいポジションをつくることができ、トレーニング効果を高めてくれる。

NG

首がすくんで
しまう

122

ショルダープレス系ウォールスライド

一緒にやるべきストレッチ	P067/P068/P072/P078	その他の有効なトレーニング＆スポーツ動作	プル系

目安:10回以上

座った状態で、腰から頭までを真っ直ぐ壁につける

顔は前に向ける

腕を水平に開き、ひじを曲げて前腕を垂直に上げる

腕を上げる軌道は円を描くように

ひじを伸ばし、腕が垂直になるように上げる

ココの可動域が大事

垂直の挙上を意識する

ショルダープレスにおける、肩甲骨の動きを慣らすための種目。デスクワーカーを中心に多くの人が、肩が前傾する巻き肩の状態になっており、トレーニング時に斜め前方へ挙上してしまうため、狙った刺激が入りづらい。壁に沿って垂直に腕を動かすことで、そのズレを解消していく。

あごが上がってしまう

肩
ショルダープレス系
肩
ショルダープレス系

ショルダープレス系
肩の内外旋エクササイズ

一緒にやるべき ストレッチ	PO70/PO71/ PO72	その他の有効な トレーニング& スポーツ動作	ベンチ プレス系	フル系	ロウイング 系	投げる

目安:10回以上

READY

上腕を水平に開き、前腕を前に向ける

ひじは90度に曲げる

背骨が真っ直ぐになるように

肩とひじの位置は固定

前腕を後方にまわして上に向け、同じ軌道で前方にまわしていく

MOVE

ココの可動域が大事

肩関節の外旋と内旋を円滑化

上腕を外側にまわす外旋、内側にまわす内旋を活性化させる種目。ショルダープレスでは、上腕を上に向けた状態で脱臼するリスクもあるが、内外旋の筋肉がしっかり働くことで肩関節が安定する。肩甲骨の位置を固定し、前腕だけ動かすのがポイントだ。

NG

肩が上がってしまう

124

トレーニング別ストレッチ図鑑 079 ／肩

フロント&サイドレイズ系 ダウンドッグ

一緒にやるべきストレッチ	P052/P066/P068	その他の有効なトレーニング&スポーツ動作	ショルダープレス系	フレンチプレス系

目安:10回以上

肩甲骨で押すイメージ
(肩甲骨を下制させる)
READY
四つんばいの状態になる
ひざを伸ばし、
つま先を立てる
肩甲骨を外側に
広げながら下制する
かかとを
つける
背中を押し込むように、尻を上げる
MOVE

ココの可動域が大事

肩甲骨を固定しながら力を発揮させる

肩関節を安定させながら、スムーズに動かすための種目。フロントレイズやサイドレイズでは、肩甲骨を固定した状態で、肩関節を動かす必要があるが、その条件を再現し、勝手に力が入る状態をつくれるメリットがある。そのため、肩甲骨は外側に広げながら下制させるとよい。

POINT
肩甲骨を床側に
押し込む

フロント&サイドレイズ系
ヨガボールを両脚に挟む

一緒にやるべき ストレッチ	P045/P046/P048	その他の有効な トレーニング& スポーツ動作	ショルダー プレス系	アーム カール系

目安:10回以上

READY

**立った状態で、ももに
ヨガボールを挟む**

背骨が真っ直ぐに
なるように

ダンベルを持ち、
腕を伸ばす

背骨は
真っ直ぐに固定

**腕を水平になるように
上げる**

MOVE

ココの可動域が大事

レイズ動作で土台を安定させる

サイドレイズで効果的なポジションをとるためには、
腹を前に突き出さないことが重要。背骨が曲がると肩
が動いてしまい、刺激が入りづらくなるためだ。ヨガ
ボールを挟むことで骨盤が立ち、自動的に腹圧が入り
やすくなって、正しい土台を学習できる。フロントレ
イズやアームカールなどの動作にも同様に有効。

**上体が反って
しまう**

アップライトロウイング系
Aプローン

一緒にやるべき ストレッチ	PO43/PO65/ PO78	その他の有効な トレーニング& スポーツ動作	ディップス 系	ショルダー プレス系	ベンチ プレス系	プルダウン 系

目安:10回以上

READY

うつ伏せに寝て、上から見て「A」の形になるように、
腕を30度程度開く

手のひらを
床につける

肩甲骨を内側に寄せる

顔は下に
向けたまま

肩甲骨を動かし、
上体を起こす

MOVE

ココの可動域が大事

肩甲骨の内転・下制をアクティベートする

肩甲骨を寄せ、下制させる動きに集中し、活性化
させる種目。そのため、背中には力を入れず、肩
甲骨を寄せる動きで上体を持ち上げたい。日常生
活では背中が伸びきっていることが多いため、ト
レーニング前に意識させ、アップライトロウイン
グでの効果を増大せる（ケガのリスクを下げる）。

あごが上がる

アップライトロウイング系
プレッツェル（肩内旋）

一緒にやるべき ストレッチ	P065/P071/ P075/P078	その他の有効な トレーニング＆ スポーツ動作	ロウイング 系	ベンチ プレス系	フレンチ プレス系	レイズ系

目安:左右各10回以上

**横向きに寝て
両ひざを曲げ、
上側の脚を前に曲げる**

上側の腕の手を
後頭部につける

肩甲骨は落とす

ひざは
どちらも
90度になる
ように

顔を上に
向ける

上体を後方に捻る

**胸を開き、
ひじを伸ばす**

128

4

腕を内側に捻り、
手のひらを
下に向ける

5

3〜5の
動きにおいて、
手が円を描く
イメージ

ひじを曲げ、
手を腰のほうへ
動かす

ココの可動域が大事

肩甲骨の内転・下制をキープ

肩甲骨を寄せ、下制させた状態をキープしたまま、肩・肘関節の回旋連動をスムーズに行うための種目。腕を内旋させた状態で挙上するアップライトロウイングにおいて、有効な肩甲骨のポジションをキープさせることが目的。ポイントは、腕をまわす際に、常に床に這わせることだ。

腕を内側に
捻った際に
肩がすくむ

NG

リアレイズ系
肩甲骨プッシュアップ

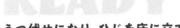

一緒にやるべき ストレッチ	P063/P064/ P065/P079	その他の有効な トレーニング& スポーツ動作	ベンチプレス系	フライ系	ディップス系

目安:10回以上

READY

うつ伏せになり、ひじを床に立てる

肩甲骨は寄せず、下制させる

手を頭の下で組む

肩甲骨を開き、
上背部を
丸めながら床を押す

腹を引き締める

ひざを曲げ、
足を上に
向ける

肩甲骨ごと上腕を押し出す
イメージで、上体を持ち上げる

MOVE

ココの可動域が大事

肩関節の動きにフォーカスする

リアレイズとロウイングの最大の違いは、肩甲骨
の関与。リアレイズでは肩甲骨を開いた外転の状
態で、肩関節だけを動かしていく。この状態を意
識させるのに最適なのが、この種目だ。肩甲骨を
開いた状態で、さらに床を押すようなイメージで
行うとよい。

NG

肩がすくんで
しまう

アームカール系
プレッツェル

一緒にやるべき ストレッチ	P065/P066/ P075/P078	その他の有効な トレーニング＆ スポーツ動作	ロウイング系	ベンチプレス系	ディップス系

目安:左右各10回以上

READY

横向きに寝て、上側の脚を前にまわす

上側の脚のひざを、
下側の手で押さえる

下側の足のつま先を
手でつかむ

胸を張り、肩甲骨を内側に寄せる

STRETCH

ココの可動域が大事

肩甲骨を動かさずにひじを曲げる準備

肩甲骨を寄せ、下制させる動きを活性化するための種目。アームカールで起こりがちな、ダンベルに肩甲骨が持っていかれるエラーを解消する。ショルダーパッキングと狙いは同じだが、腕を下げた状態で行うのがポイント。下側の脚を後ろに引き、腕が後方に引っ張られる状態をつくりたい。

**胸をしっかり
張れていない**

肩

リアレイズ系

上腕

アームカール系

アームカール系
肘関節モビライゼーション

一緒にやるべき ストレッチ	P049/P054/P055	その他の有効な トレーニング＆ スポーツ動作	リバース カール系	プル系

目安:左右各10回以上

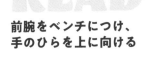

前腕をベンチにつけ、
手のひらを上に向ける

親指ははめ込むように
固定したまま

上体を前傾させて親指で
肘関節に圧を加えながら、
ひじを曲げる

肘関節の窪みに、
親指を入れて押す

ココの可動域が大事

PRESS

肘関節の動きを適切化する

アームカールでは肘関節のはまりが悪いと、ケガ
をしやすくなる。前腕のつけ根を指で押さえ込む
ことで、関節を適切なポジションで運動させるの
がこの種目だ。上腕二頭筋に力が入ると腱が硬く
なり押せなくなるため、ベンチや台を利用して筋
肉を弛緩させる。

POINT
親指で
肘関節を押す

フレンチプレス系
ウォール・オーバーヘッドスクワット

一緒にやるべき ストレッチ	P065/P135/P151/ P152/P159	その他の有効な トレーニング& スポーツ動作	ショルダー プレス系	プル系	プル オーバー系

目安:10回以上

アームカール系

**壁に対しカラダを前に向け、
上体をつける**

腕を上げ、
手のひらを
壁につける

胸を張る

腹を引き締める

鼻、ひざ、
つま先を壁と
すれすれの位置に

腹は
引き締めたまま

股関節が90度に
なるまで下げる

脚は開いて
OK

**尻を後ろに突き出すように、
ひざを曲げ、腰を落としていく**

ココの可動域が大事

腕を上げた状態で腹圧をかける

フレンチプレスでは、腹が前に突き出てしまうと、肩が上がってしまい、上腕三頭筋への負荷が逃げてしまう。腕が上がった状態でも腹圧をかけることを意識するのが、この種目の目的だ。このスクワットがうまくできれば、フレンチプレスの刺激がしっかりと入っていると考えてよい。

あごが上がって
腰が反る

ダイヤモンドプッシュアップ&ナロウベンチプレス系
手根骨ボール押圧

一緒にやるべき ストレッチ	P059/P060/ P061	その他の有効な トレーニング& スポーツ動作	ベンチ プレス系	ショルダー プレス系	ロウ イング系	プル系

目安:左右各10回以上

READY

立った状態で腕を下に伸ばし、
ベンチと手のひらの間にボールを挟む

ボールを当てる位置は、
親指のつけ根

手首が背屈するように
押していく

PRESS

ココの可動域が大事

手のひらのアーチをつくり出す

ダイヤモンドプッシュアップやナロウベンチプレ
スでは、手首のケガを起こしやすい。ボールを押
し、手のひらのアーチをつくり出すことで、バー
ベルやダンベルが安定しやすくなる。ボールを当
てるのは写真のように、親指のつけ根の手首に近
い部分。

POINT
親指のつけ根など
手根部に当てる

ダイヤモンドプッシュアップ&ナロウベンチプレス系
ネックムーブ

一緒にやるべき ストレッチ	P042/P043/ P120/P121	その他の有効な トレーニング& スポーツ動作	ショルダー プレス系	ロウイング 系	フル系	スクワット 系	デッド リフト系

目安:10回以上

ポールを置くのは、首のつけ根まで

仰向けに寝て、
背中にストレッチポールを挟む

頭を後傾させる

あごを引く

さらに首を曲げる

ココの可動域が大事

あごを引くことを意識する

ナロウベンチプレスでは、動作中に胸を張りながら、あごを引いた状態をキープすることで、肩甲骨がベストポジションになる。意識をしないと、あごが上がりやすくなる種目であるため、事前に意識づけをする。あごを引いて、首を曲げるという2段階を意識するとよい。

あごが引けて
いない

プレスダウン系
三頭筋のアクティベーション+長座で挙上

一緒にやるべき ストレッチ	P063/P066/P079/P151	その他の有効な トレーニング& スポーツ動作	ディップス系	ベンチプレス系

目安:10回以上

READY

長座の状態で、やや前傾になる

肩甲骨を落として
持ち上げるイメージ

脚を真っ直ぐに伸ばす

腹は丸めた状態で

手を床につける

上体を持ち上げる

MOVE

ココの可動域が大事

プレスダウンの収縮ポジションをつくる

プレスダウンでは、最後の収縮ポジションを、前傾した状態で押しきることが重要。その姿勢をつくるため、背中を丸め、肩甲骨を下制させる動きを行うのがこの種目。ディップスと同じ動作に当たり、前鋸筋に力が入るのが理想だ。

NG

肩が上がって
肩甲骨まで
押せていない

136

上腕

プレスダウン系

前腕

ドラッグカール系

ドラッグカール系
肩甲骨内転のアクティベーション

一緒にやるべき ストレッチ	P065/P078/ P128/P132	その他の有効な トレーニング& スポーツ動作	ベンチ プレス系	ロウイング 系	プル系	投げる

目安:10回以上

READY

うつ伏せに寝て、腕を真横に開く

親指を立て、
上に向ける

肩甲骨を
内側に寄せるイメージ

両腕を上げる

MOVE

ココの可動域が大事

肩甲骨を寄せきるポジションをつくる

ドラッグカールは肩甲骨を寄せたままで、肘関節の曲げ伸ばしをするトレーニング。この難易度が高い姿勢を意識させるために行うのが、この種目だ。両側の肩が上がってしまう姿勢は NG で、P127 の A プローンよりも難易度が高い。

**肩が上がって
肩甲骨の内転が不十分**

リストカール＆エクステンション系
手関節モビライゼーション

一緒にやるべき ストレッチ	P059/P060	その他の有効な トレーニング＆ スポーツ動作	ベンチ プレス系	ショルダー プレス系

目安:左右各10回以上

READY

ベンチに片方の手のひらをつける

手首のつけ根を
親指で押さえる

PRESS

親指を押したまま、
腕を前方に曲げていく

ひじは伸ばす

ココの可動域が大事

ベンチプレスのバーベルの安定に

手関節を円滑に、適切な方向へ動かすための種
目。高重量を扱う時は、手首の関節がしっかり
はまっていることで安定感が増す。指で押すの
は、前腕にある2本の骨（橈骨と尺骨）、手の
甲の間にある窪みが目安。前腕の力が入ると腱
で押せなくなるので、体重をかけて行う。

手首の甲側の
つけ根に
親指を当てる

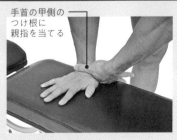

ロウイング（ベントオーバー）系
RDLダウル（ストレッチポール）

一緒にやるべきストレッチ	P073/P121/P142	その他の有効なトレーニング＆スポーツ動作	デッドリフト系	スクワット系	ロウイング系	跳ぶ	当たる

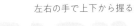

目安：10回以上

棒を背中にまわし、左右の手で上下から握る

背中を真っ直ぐにして立つ

手を後頭部と尻につけつづける

背中を反らさない

腰から頭が一直線になるように

棒を握った手を、後頭部と尻の上部につける

上体を前傾させていく

ココの可動域が大事

背中が丸まって棒が離れる

腹圧が高まった状態で前傾する

ベントオーバーロウイングで効果を高めるためには、上半身を真っ直ぐに固定し、挙上を繰り返す必要がある。腹圧をかけながら、腰ではなく、股関節を曲げて前傾姿勢をつくるのがこの種目だ。後頭部と尻を手につけつづける意識で行うとよい。棒はストレッチポールでも OK。

ロウイング（シーテッドロウ）系
90-90ヒップリフト

一緒にやるべきストレッチ	P073/P093/P146	その他の有効なトレーニング&スポーツ動作	スクワット系	デッドリフト系	ベンチプレス系

目安:10回以上

READY

仰向けに寝て、ベンチに両足のかかとを置く

ひざを90度に曲げる

つま先は真っ直ぐ上に向ける

息を吐き、肋骨を閉じる

手のひらを床につける

腰は反らさず、床につける

MOVE

尻を上げていく

腰は反らさず、骨盤を後傾させる

足首とひざの形はキープ

上背部は床につけたまま

ココの可動域が大事

ハムストリングスを縮めて骨盤を後傾

多くの人は立った状態で腹圧が抜け、骨盤が前傾し、ハムストリングスが伸張している。ロウイングのストレッチポジションで刺激を入れるには、ハムストリングスを収縮させた状態で腹圧をかけ、骨盤を後傾させることが重要。このエクササイズで収縮の意識づけを行う。

上背部まで無理に上げてしまう

プル（チンニング・ラットプル）系
ハーフニーリング・ウォール・
ソラシックローテーション

一緒にやるべき ストレッチ	P065/P066/ P067/P154	その他の有効な トレーニング& スポーツ動作	ショルダー プレス系	フレンチ プレス系	投げる	打つ

目安:左右各10回以上

手を
頭の後ろで
組む

上体を壁の
逆方向に捻る

壁のすれすれの
場所に沿う形で、
片ひざ立ちをする
（壁と逆側の脚を
前に出す）

下半身は
固定

背筋は
真っ直ぐ

ひじが壁に
当たらないように
胸を開いていく

上体を捻って
壁側に向ける

ココの可動域が大事

上体の可動性を高める

懸垂などのプル系で広背筋に効かせるためには、胸椎の柔軟な動きが重要。下半身を安定させた状態で胸椎を軸に上体を左右に回旋させるのがこの種目。背骨を中心に動かしながら、肩甲骨の連動も感じられるとよい。片ひざ立ちにするのは、下半身の安定でより上体の可動性が上がることを覚えるためだ。

上体を
倒してしまう

デッドリフト系
足底リリース・アクティベーション

一緒にやるべき ストレッチ	P114/P115	その他の有効な トレーニング& スポーツ動作	スクワット系	ロウイング系

目安:左右各10回以上

足の裏をボールで押しながら
指を曲げる

足の裏をボールで押しながら指を反らせる

ココの可動域が大事

足底の安定感を高める

デッドリフトで高重量を扱う際、脚の踏ん張りが
重要になるが、その際には足底の安定が重要にな
る。ボールを押圧させることで神経の伝達が活性
化し、床に対する感覚を敏感にできる。ボールを
足指のつけ根の膨らみに当たる、拇趾球から小趾
球へ横にスライドさせるのもよい。

先に足底筋を
押圧するとよい

デッドリフト系
ヒップヒンジ 獲得エクササイズ

一緒にやるべき ストレッチ	P086/P087/P139	その他の有効な トレーニング& スポーツ動作	ヒップ スラスト系	スクワット 系	跳ぶ

目安:10回以上

ひざから頭まで
真っ直ぐに伸ばす

1

ひざ立ちになり、
股関節のつけ根を
手で押さえる

2

股関節を曲げ、
尻を後方に
突き出していく

3

もとの
ポジションに
戻す

ココの可動域が大事

ヒップヒンジの動きに集中する

このエクササイズでアクティベートさせるの
は、股関節を中心に尻を折りたたむヒップヒ
ンジの動き。膝関節や腰椎の関与を減らすこ
とで、股関節の屈曲を意識させ、困難なデッ
ドリフトの理想的なポジションがつくりやす
くなる。

腰が反って
しまう

プッシュアップ系
リバースクロスオーバー

一緒にやるべき ストレッチ	P075/P077/ P078	その他の有効な トレーニング＆ スポーツ動作	ベンチ プレス系	フライ系	投げる	打つ	蹴る

目安:左右各10回以上

READY

うつ伏せに寝て、
両腕を開く

ひざから
対角にある肩までが
一直線になるように、
カラダを捻る

手のひらを
床につける

手の位置は固定

MOVE

片脚を後方にまわしていく

ココの可動域が大事

カラダをクロスする筋肉の連結をつくる

肩からひざを一直線にし、クロスラインを伸ばしていくのがこの種目。プッシュアップでは、手の指先からつま先までの連結によりカラダを支え、よい姿勢を保つことが重要であり、筋肉の緊張を解かないことがポイント。カラダの前面の筋肉のつながりに意識を向けるのが、この種目の狙いだ。

上体が浮いて
しまう

NG

ベンチプレス系
ソラシックローテーション

一緒にやるべき ストレッチ	P075/P078/P087/P093	その他の有効な トレーニング& スポーツ動作	フライ系	打つ

目安:左右各10回以上

READY

**脚を前後に開き、
前の脚のひざは曲げる**

内側の腕のひじを曲げ、
足の内側にタッチしにいく

外側の腕を床につき、
バランスをとる

両腕が
真っ直ぐに
なるように

ひざは床に
つけない

顔を上に
向ける

MOVE

**上体を捻り、内側の腕を上げ、
ひじを伸ばす**

ココの可動域が大事

胸を開き、肩甲骨を寄せる

ベンチプレスで重要になる、胸郭を開き、肩甲骨を寄せる動きを、実際のトレーニングに近い脚を踏ん張った状態で行うエクササイズ。上体を回旋させることで、この姿勢を得る。前に出した脚のかかとでしっかりと床を踏み、カラダを安定させるのがポイント。

ひざが外に流れて
軸がブレる

胸

プッシュアップ系

胸

ベンチプレス系

ベンチプレス系
ペルビックカール

一緒にやるべきストレッチ	P075/P145	その他の有効なトレーニング&スポーツ動作	デッドリフト系	スクワット系

目安:10回以上

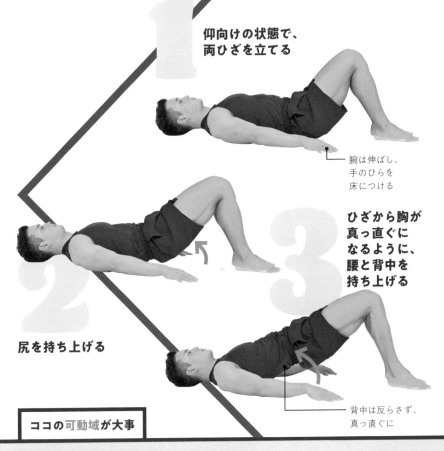

1 仰向けの状態で、両ひざを立てる

腕は伸ばし、手のひらを床につける

2 尻を持ち上げる

3 ひざから胸が真っ直ぐになるように、腰と背中を持ち上げる

背中は反らさず、真っ直ぐに

ココの可動域が大事

上げるのは、尻→腰→背中の順番

ベンチプレスの効果を高めるためには、脚で踏ん張るレッグドライブが重要。ブリッジを組むのが有効だが、この際に腰を反らしてしまうと、肩甲骨のポジションが崩れてしまう。正しい姿勢で脚の踏ん張りを意識させるため、尻、腰、背中の順番で力を入れるとよい。

腰が反ってしまう

フライ系
ワイドスタンス・インチワーム

一緒にやるべき ストレッチ	P075/P077/P078	その他の有効な トレーニング& スポーツ動作	ベンチプレス系

目安:10回以上

1

四つんばいの
状態で、
腕を開く

背中は反らさず、
腰から首までを
真っ直ぐに

2

手を左右交互に、
少しずつ外側へ
歩かせるイメージ

腕を外へ開いていく

3

限界まで腕を
開いたら、
逆の動作で
少しずつ
1のポジションに
戻していく

背中は反らさない

ココの可動域が大事

腹圧をかけた状態で胸を開く

フライ系のトレーニングでは大胸筋のスト
レッチを狙うが、この際に腹圧が抜けると効
果が弱くなる。腹に力を入れたベストなポジ
ションで、胸を伸ばしていくのがこの種目の
目的だ。そのため、常に腰から首が横から見
て真っ直ぐになる姿勢をキープしたい。

腰が
落ちてしまう

ディプス系
ローテーターカフEx&ターキッシュゲットアップ

一緒にやるべき ストレッチ	P065/P070/P071/P072	その他の有効な トレーニング& スポーツ動作	ショルダー プレス系	投げる

目安:左右各10回以上

腕を垂直に伸ばす

1 仰向けに寝て、
片手でダンベルを
持つ

2 逆の腕で支えながら、
上体をダンベル方向に起こす

腕は垂直をキープ

3 上体を
持ち上げる

148

ディップス系

腕は常に垂直をキープ

4

**片ひざ立ちの
姿勢に**

5

立ち上がる

立ち上がったら、
逆の順番で**1**のポジションに
戻っていく

ココの可動域が大事

腕を垂直に固定し、肩甲骨を動かす

通常、ローテーターカフのエクササイズでは、肩甲
骨を固定させて上腕骨を動かす。その逆で、上腕骨
を固定して肩甲骨を動かしていくのがこの種目であ
り、ダンベルを持つ腕を垂直に上げたまま、立ち上
がるのがポイント。ディップスでは腕で上体を支え
るため、良好な姿勢をキープするのに役立つ。

**ダンベルが
前に傾く**

プルオーバー系
デッドバグ

一緒にやるべきストレッチ	P066/P078/P151	その他の有効なトレーニング&スポーツ動作	プルダウン系	スクワット系	デッドリフト系	投げる

目安:10回以上

腹に力を入れ、腰は床につける

脚、ひざを90度に曲げる

1

仰向けに寝て、両腕を垂直に伸ばす

2

片腕を下げながら、同時に対角にある脚を伸ばす

3

1のポジションに戻す

一連の動作で、腹の位置は固定させる

4

逆の腕を下げながら、同時に対角にある脚を伸ばす

ココの可動域が大事

腹が脚に持っていかれないように

肩関節と股関節の屈曲を同時に行いながら、体幹を安定させる種目。手足を曲げ伸ばすと腹がつられ、腰が反ってしまいがちだが、四肢の動きと体幹をうまく分離できるとプルオーバーの理想的な姿勢がつくりやすくなる。腹圧が必要な多くのトレーニングに効果的なエクササイズだ。

腰が反ってしまう

胸

プルオーバー系

腹

クランチ&シットアップ系

クランチ&シットアップ系 ブレーシング

一緒にやるべきストレッチ	P073/P080/P081	その他の有効なトレーニング&スポーツ動作	ツイスト系	スクワット系	ベンチプレス系	プルオーバー系

目安:10回以上

READY

仰向けに寝て、脚を上げ、ひざを曲げる

息を大きく吸う

MOVE

背中を丸めながら、息を大きく吐いていく

ココの可動域が大事

呼吸筋をアクティベートする

クランチやシットアップで重要になるのが腹直筋だが、しっかり呼吸ができることで呼吸筋を含む腹筋群も一緒に動員しやすくなる。呼吸筋の活性化が目的であるため、上体を起こしきらなくてもよい。

口をすぼませて勢いよく吐ききる

クランチ&シットアップ系
両脚にヨガボールを挟む

一緒にやるべき ストレッチ	P073/P080/ P081	その他の有効な トレーニング& スポーツ動作	ツイスト 系	スクワット 系	ベンチ プレス系	プル オーバー系

目安:3回程度

READY

**仰向けで両ひざを立て、
ももにヨガボールを挟む**

MOVE

**上体を起こしていく
（クランチまたはシットアップの動き）**

ココの可動域が大事

内転筋群をアクティベートさせる

クランチやシットアップでは、内転筋群が活性
化した状態で行うと、腹筋群に効きやすくなる。
多くの人は内転筋群に力が入りにくくなってい
ることが多いため、この種目ではヨガボールに
よってそこに意識を向けていく。対象にするト
レーニングに合わせ、同じ動きをするとよい。

**両脚でボールを
しっかり挟む**

ツイスト系
リバースクロスオーバー（仰向け）

一緒にやるべきストレッチ	P066／P081／P144	その他の有効なトレーニング＆スポーツ動作	ロウイング系	デッドリフト系	投げる

目安:左右各10回以上

READY

仰向けに寝て両腕を開き、片ひざを曲げた状態で上げる

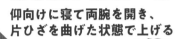

息を大きく吸う

上体は真っ直ぐに上を向けたまま

ひざを90度に曲げて真上に上げる

脚の形をキープ

息を大きく吐く

腕と肩は床から離さない

MOVE

腰を捻り、上げた脚を逆側へ下ろしていく

ココの可動域が大事

上半身と下半身で大きな捻りをつくる

上半身に対して、下半身が動く（またはその逆）と捻りが生まれる。この大きな捻り動作によって、背筋群や腹筋群がしっかり伸びているのを感じられるとよい。しっかりと上体を捻ることが目的であるため、肩は床につけた状態をキープしたい。

腰が反って腕が浮いてしまう

腹

クランチ＆シットアップ系

腹

ツイスト系

ランジ＆ブルガリアンスクワット系
インラインランジ

一緒にやるべき ストレッチ	P088/P089/P093/P146	その他の有効な トレーニング＆ スポーツ動作	スクワット系

目安:左右各10回以上

READY

前から見て
両足が一直線になるように
片ひざ立ちになる

上体は真っ直ぐに

両足のラインを
キープ

両足を一直線に

ひざを前に出さずに、
そのままの状態で
上下させる

MOVE

脚を伸ばしながら、
上体を持ち上げる

ココの可動域が大事

上体を真っ直ぐに上へ動かす

ランジやブルガリアンスクワットにおいて、股関節の動きを円滑化する種目。これらのトレーニングでは股関節の引き込みが甘くなり、臀部への刺激が弱くなるケースが多い。両足を一直線に揃えることで、自然とこのエラーが解消する。上体が真っ直ぐに上に動くこと、すねが地面に刺さっているような感覚を意識するとよい。

上体の前傾＆
かかとが上がる

NG

154

尻

ランジ&ブルガリアンスクワット系

尻

ランジ&ブルガリアンスクワット系

ランジ&ブルガリアンスクワット系 距腿関節モビライゼーション

一緒にやるべきストレッチ	P110/P111/P113	その他の有効なトレーニング&スポーツ動作	スクワット系

目安:左右各10回以上

READY

しゃがんだ状態で
片ひざを立てる

指で足首のつけ根を
押す

上体で体重を
かけながら、
ゆっくりと足首を
曲げていく

PRESS

ココの可動域が大事

足首の制限要素を取り払う

ランジやスクワット系の種目で深くしゃがみ込むためには、足首の可動域制限を取り払う必要がある。指を支点に関節を適切に曲げることで、下腿とつながる距骨のポジションが正され、足首を曲げやすくなり、股関節に負荷を集中させることができる。

かかとが
上がってしまう

ランジ&ブルガリアンスクワット系
コペンハーゲン+ヒップアブダクション

一緒にやるべき ストレッチ	P089/P099/ P100/P102	その他の有効な トレーニング& スポーツ動作	スクワット 系	ヒップ アブダクション系	切り返す

目安：左右各10回以上

コペンハーゲン

READY

**横向きに寝た状態から、
上側の足をベンチにのせる**

腰に手を当てる

腕を床につき、
バランスをとる

下側の脚は曲げ、
動かしやすい
ポジションに

カラダが前後に
傾かないようにする

MOVE

体側が一直線になるように、腰を持ち上げる

尻

ヒップアブダクション

READY

横向きに寝た状態から、
ひじで上体を支え、
両ひざを90度に曲げる

—— 腰に手をつく

ランジ&ブルガリアンスクワット系

MOVE

両脚を開き、
下側のももを浮かす

ココの可動域が大事

股関節と体幹の動作連動

ランジやブルガリアンスクワットの片脚立ちに
よる左右のブレは、日常動作では多くない。不
安定さに耐えうる姿勢をつくるため、脚の内側
と外側の筋肉を活性化させるのが、この二つの
種目だ。ワイドのスクワットなど、股関節の内
外転が関わるトレーニングにも有効。

カラダが前に
崩れる

ヒップリフト&ヒップスラスト系
キャット&カウ

一緒にやるべき ストレッチ	P063/P073/ P080	その他の有効な トレーニング& スポーツ動作	スクワット系	デッド リフト系	ベンチ プレス系	投げる	泳ぐ

目安:10回以上

**四つんばいの
状態になる**

顔を下に向ける

**上背部を伸ばし、
骨盤を前傾させる**

顔を前に向ける

**上背部と骨盤を
丸める**

2と3の動作を繰り返す

ココの可動域が大事

股関節の動きにフォーカスする

ヒップリフト、ヒップスラストでは、本来狙う股関節周囲筋ではなく、腰を伸展させて代償してしまうエラーが生じやすい。腰が固まってしまうことによって、股関節の動きが制限されることが多いため、背骨と骨盤を全体的に動かしておく。骨盤の後傾が出にくいため、より意識できるとよい。

NG

肩が上がって
しまう

ワイドスクワット系
フロッグエクササイズ

一緒にやるべき ストレッチ	P088/P089/P098	その他の有効な トレーニング& スポーツ動作	スクワット系	持ち上げる

目安:10回以上

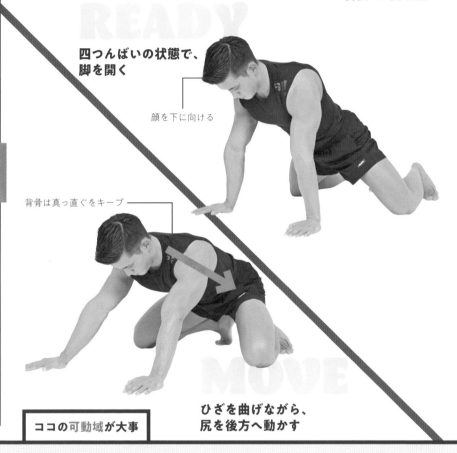

四つんばいの状態で、
脚を開く

顔を下に向ける

背骨は真っ直ぐをキープ

ココの可動域が大事

ひざを曲げながら、
尻を後方へ動かす

開脚時の股関節の動きを改善

股関節が詰まるとしゃがみにくいワイドスタンスのスクワット。綺麗にしゃがめず、骨盤が前後に傾くと負荷が分散してしまう。股関節の動きをよくするため、上体を真っ直ぐにして股関節を動かすのがこの種目。頭、背中、尻を一直線にしつづけることを意識するとよい。

腰が反ってしまう

アブダクション・アダクション系 ポールプルバック&シェル

一緒にやるべき ストレッチ	P089/P154/P156	その他の有効な トレーニング& スポーツ動作	ランジ系	スクワット系	切り返す

目安:左右各10回以上

ポールプルバック

READY

横向きに寝て、腰を曲げる

太ももにフォームローラー
(ストレッチポール)を挟む

尻の左・右側を
交互に前後させる
イメージ

MOVE

左右のお尻から太ももを交互に 前後へとスライドさせる

シェル

1 横向きに寝て、両脚を前に出してひざを曲げる

2 上側の脚のひざを前に出す

上体を固定し、脚だけを動かす

3 上側のひざを上げていく

ココの可動域が大事

股関節のコントロールを高める

脚のトレーニングでは、股関節の内外転（閉じ開き）だけでなく、内外旋（脚の捻り）も同時に起こっている。この際に体幹の捻りも連動してしまうと、ターゲットに負荷を集中させられないため、二つのエクササイズで股関節の動きにフォーカスする。

上体も一緒に倒れる

バックキック系
ウォールアブダクション

一緒にやるべきストレッチ	P088/P089/P151	その他の有効なトレーニング&スポーツ動作	スクワット系	ベンチプレス系	ヒップスラスト系

目安：左右各10回以上

上側の脚のかかとを壁につける

壁と背中は10〜15cm程度離す

下側の脚は前に出し、ひざを曲げてバランスをとる

READY

壁と平行に背を向け、横向けに寝る

ひざは曲げない

MOVE

かかとを壁に這わせながら、脚を上げる

ココの可動域が大事

腰を使わずに、脚を外転させる

ヒップアブダクションの動作の際、腰を反らす動きで代償してしまうエラーを防ぐ種目。太ももを後方に伸ばした状態で、閉じ開きを繰り返すことで、股関節の外転が意識しやすくなる。そのため、上体を反らさず、真っ直ぐにしたまま固定するのがポイントになる。

カラダが反ってしまう

レッグエクステンション系
腸腰筋アクティベーション（チューブ）

一緒にやるべきストレッチ	P092/P093/P151	その他の有効なトレーニング＆スポーツ動作	スクワット系	走る

目安:左右各10回以上

READY

仰向けに寝て、両足にチューブをかける

頭を上げる

脚を浮かせる

MOVE

片脚を曲げ、チューブを伸ばす

腕を伸ばし、手を床につけてバランスをとる

逆の脚は伸ばしたまま

ココの可動域が大事

腹圧をかけたまま股関節を屈曲させる

腸腰筋の作用である股関節の屈曲を行うと、体幹も一緒に屈曲し腹の力が抜けるケースが多い。その場合、レッグエクステンションの収縮ポジションで負荷が弱くなってしまう。体幹を安定させた状態で、股関節を分離して動かす練習をするのがこの種目。骨盤の位置を固定させるのがポイントになる。

腰が曲がってしまう

レッグカール系
ヒップリフトウォーク

一緒にやるべき ストレッチ	P104/P105/P108	その他の有効な トレーニング& スポーツ動作	跳ぶ	切り返す

目安：10回以上

1

仰向けの状態から、
ひざを立て、
尻を持ち上げる

頭、肩、腕は床につける

2

かかとを歩かせるように、
左右交互に尻から遠ざける

3

限界まで遠ざけたら、
逆の順序で**1**の
ポジションに戻す

ココの可動域が大事

上体を固定して、下肢を動かしていく

レッグカールで起こりがちなのは、収縮ポジションで腰を反らし、ターゲットであるハムストリングスへの負荷が抜けてしまうエラー動作。腹圧をかけ、上体を固定させたまま下腿を動かすエクササイズがこの種目だ。

**腰が
反ってしまう**

NG

スクワット系
シンボックス

一緒にやるべき ストレッチ	P089/P090/ P092/P100	その他の有効な トレーニング＆ スポーツ動作	ランジ系	アダクション・ アブダクション系

一緒にやるべきストレッチ P089/P090/P092/P100

目安:左右各10回以上

上体も
連動させながら
逆方向へ
向けていく

**両脚のひざを
逆方向に向けていく**

腕を前で
クロスさせる

**座った状態から
両ひざを曲げて横へ向ける**

上体が上がったら、
逆の順序で**1**の
ポジションに戻し、
再びひざを立てて
上体を持ち上げる

**ひざを立て、
上体を持ち上げる**

ココの可動域が大事

**両脚のひざを
逆方向の床につける**

股関節を全方向にアクティベートする

股関節を捻り、立たせるという動作により、
外旋・内旋、外転・内転、屈曲・伸展のすべ
てをアクティベートさせる種目。上体を垂直
にしたまま、常に地面を踏みながら動かして
いくイメージで行うとよい。股関節を使用す
るさまざまなトレーニングに有効だ。

バランスが
崩れてしまう

太もも

レッグカール系

太もも

スクワット系

スクワット系
スクワット胸椎回旋

一緒にやるべき ストレッチ	P133／P141／P158／P159	その他の有効な トレーニング＆ スポーツ動作	投げる	打つ

目安:左右各10回以上

上体は前に向ける

腕を脚の内側に
伸ばす

脚を開き、ひざを曲げる
（行いたいスクワットの
ポジションに）

下半身は
固定
させる

上体を捻り、
胸を広げながら
腕を上に伸ばす

下半身は
固定させる

逆側に上体を捻り、
胸を広げながら
腕を上に伸ばす

ココの可動域が大事

腹圧をかけたままで胸を開く

スクワットでバーベルを担いで胸を張る際に
腹圧が抜けてしまうエラーが多い。防止する
には、腹圧をかけたままで胸を開くことが重
要だが、その準備を行うのがこの種目。胸を
開くことが目的なので、腰は極力捻らないよ
うに行う。

尻が
上がって
しまう

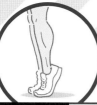

カーフレイズ系
ボール・イン・カーフレイズ

一緒にやるべき ストレッチ	P115/P152/P156	その他の有効な トレーニング& スポーツ動作	走る	跳ぶ

目安:10回以上

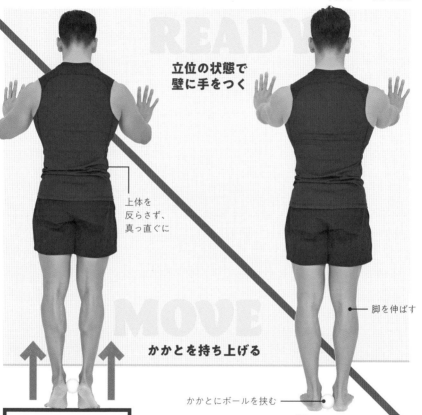

READY

**立位の状態で
壁に手をつく**

上体を
反らさず、
真っ直ぐに

MOVE

かかとを持ち上げる

脚を伸ばす

かかとにボールを挟む

ココの可動域が大事

ふくらはぎの内側に意識を向ける

多くの人がカーフレイズを行う際、小指側に流れて負荷が外側にかかっていることが多い。ふくらはぎにバランスよく刺激を与えるため、内側に意識を向けるのがこの種目の狙いだ。ボールを落とさないように親指側で床を押すようなイメージで行うとよい。

上体が
反ってしまう

なぜ、バズーカ岡田は柔らかいのか？

　私は10歳の時からトレーニングを始め、もう30年以上続けてきました。天才的な運動能力や成長力、体型に恵まれたわけではないので、日々努力と追求の連続だったと感じます。柔軟性ももともと高かったわけではなく、高校時代の部活をきっかけに意識し始めました。翌日に痛みが残るほど、激しくストレッチをしてしまっていたのですが、その時期に可動域の基礎を築くことができたのでしょう。その後、20代で理学療法士として勉強したため、筋力、柔軟性、バランス感覚、そしてそれらを基に神経系によってつくり出される動きの質がケガの予防に欠かせない要素であることを学習しました。リハビリの現場にいると、どれか一つが欠けると転倒したり、動けなかったりするのが一目瞭然です。一つ一つの要因が、そしてそれらの統合不全がトレーニングのエラー動作につながるのだと考えるようになりました。筋肥大におけるストレッチの有効性も、筋肉の発達とともに体感してきました。私は肩を脱臼し、上腕の外旋をうまく行えなかった時期があるのですが、ダンベルカールでスピネイトをさせられないなど、可動域の狭さが筋トレの質を落とすことを痛感しました。以来、より積極的にストレッチに取り組むようになり、今では人生で一番の柔軟性を獲得しています。180度に近い開脚をすることも可能です。現在のサイクルで、ストレッチを行うのは、基本的にトレーニング前のみです。その日に狙う部位を、理想の動きができるように徹底的に伸ばし、そして動きの質を整えていきます。加齢とともに硬くなる関節、ケガの影響が残る部位もあり、そこを伸ばす際は痛みを伴うこともありますが、「No Pain , No Gain（痛みなくして得るものなし）」と言い聞かせています。根底にあるモチベーションは、トレーニングや栄養摂取、休養サイクルなどと同様、潜在的な成長の芽を引き出すことです。ある時、突然目に見えるようにストレッチの効果を感じることもあり、その進化の感覚を絶やさないように意識しています。何歳になっても成長の手応えを感じられることは、大きな喜びにつながります。皆さんもぜひ、日々の発見によって、眠っている力を爆発させてください。

PART 05

スポーツ動作別
ストレッチ図鑑

獲得した可動域をスポーツ動作に慣らす

これまでの章では、基本的な可動域を広げるストレッチ、実際のトレーニングにおいて効果を最大限発揮するエクササイズを紹介しました。この章ではスポーツの基本動作に対するコレクティブ・エクササイズを紹介します。スポーツ動作はトレーニング以上にダイナミックであり、各部位が複雑に連動し合うことでパフォーマンスが高まります。この獲得した可動域を運動連鎖に慣らしていくことは、競技のパフォーマンス向上、ケガの防止につながるはずです。トレーニングでは得られない刺激を与えることで、未開拓の機能を目覚めさせ、成長のきっかけをつくることができます。

走る

➡P172

跳ぶ

➡P174

切り返す

➡P176

投げる・振り下ろす

➡P178

持ち上げる

➡P180

当たる（コンタクト）

➡P182

打つ・突く

➡P184

蹴る

➡P186

泳ぐ

➡P188

片脚ヒップヒンジ (壁)

**一緒にやるべき
ストレッチ&エクササイズ**　　P104　P109　P139　P143

目安:左右各8回以上

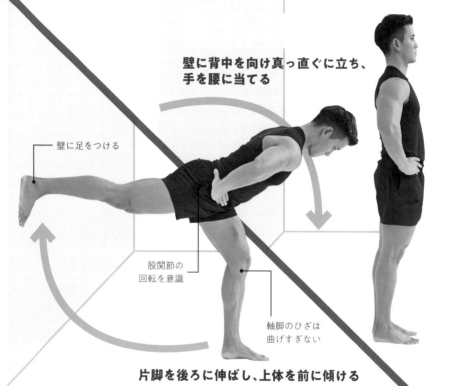

壁に背中を向け真っ直ぐに立ち、
手を腰に当てる

壁に足をつける

股関節の
回転を意識

軸脚のひざは
曲げすぎない

片脚を後ろに伸ばし、上体を前に傾ける

この動作感覚が大事

股関節を中心とした片脚の安定性が重要

走る際に必要になるのが、股関節を後ろに伸展させる
動き。特に大切なヒップヒンジの動きを、実際の走行
に近い片脚で行うのがこの種目だ。P143 の腰を折り
曲げるエクササイズに、脚の伸展動作を加えていく。
脚を伸ばした状態で前傾させるイメージで行うとよ
い。ひざ前方の負担を軽減させる効果もある。

POINT
上体を開く
動きを
加えるとよい

アンクルホップ

一緒にやるべき
ストレッチ&エクササイズ　P112　P116　P142　P155　P167

目安:10回以上

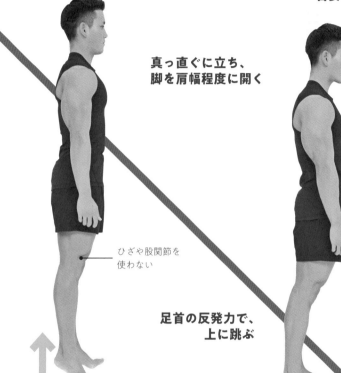

真っ直ぐに立ち、
脚を肩幅程度に開く

ひざや股関節を
使わない

足首の反発力で、
上に跳ぶ

この動作感覚が大事

縄跳びをする感覚が理想

走る動きでは、臀筋群やハムストリングスの爆発的な筋力発揮が求められる。足首には、その力を瞬間的に地面に伝え、反発の力をもらう役割がある。そのため、アキレス腱の反射を利用すると、より高いパフォーマンスが発揮できる。その準備を行うのがこの種目であり、足首でカラダを跳ねさせる意識で、ひざや股関節はあまり関与させず、自然に力を持った状態がよい。

ひざや股関節を
大きく曲げて
跳ぶ

トリプルフレクション

**一緒にやるべき
ストレッチ&エクササイズ**　P139　P143　P155

目安:10回以上

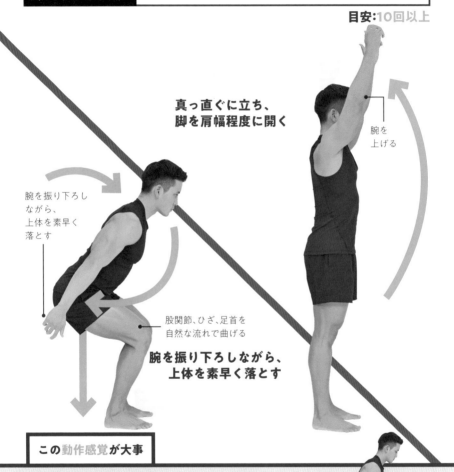

真っ直ぐに立ち、
脚を肩幅程度に開く

腕を
上げる

腕を振り下ろし
ながら、
上体を素早く
落とす

股関節、ひざ、足首を
自然な流れで曲げる

**腕を振り下ろしながら、
上体を素早く落とす**

この動作感覚が大事

股関節、膝関節、足首を曲げ、着地を意識

跳躍動作の連動をスムーズにするためのエクササイズ。そのため、上体を落とす動作はスピーディーに行う。股関節、膝関節、足首が同時に連動することで、跳躍時、着地時両方のベストポジションを意識しやすくなる。腕をダイナミックに振るのがポイント。

股関節が
屈曲せず
腰が曲がる

NG

正座ジャンプ

一緒にやるべきストレッチ&エクササイズ
P087　P092　P159　P165

目安:5回以上

腕を振り上げる
正座の状態で
上体を
前傾させる
腕を後方に
伸ばす
1のポジションから
ジャンプする
しゃがむ姿勢で
着地する

この動作感覚が大事

股関節伸展の爆発的な筋力発揮

跳ぶ動作で重要になる３関節連動のうち、股関節伸展の筋力発揮にフォーカスする種目。このエクササイズは股関節を使わないとできないため、自動的に臀筋群が活性化される。腕を大きく振るとやりやすいが、難しい場合はイスを使って行ってもOKだ。

イス
Ver.
全力で
跳ぶ

Tローテーション

一緒にやるべき
ストレッチ&エクササイズ　　P090　P102　P142　P159

目安:左右各5回以上

立った状態で、
片脚を後方に
伸ばす

手を腰に
当てる

上体を前傾
させながら、
後方の脚を上げていく

カラダを、
上体が横を
向くように
開いていく

この **動作感覚** が大事

股関節を捻りながらカラダを開く

多くのスポーツで必要な切り返しの動作は、
脚を捻る股関節の内旋・外旋が重要。この動
作が機能しないと、ひざ支点での切り返しに
依存し、ケガをしやすくなる。この種目では、
片脚でしっかり支持しながら、股関節の曲げ
伸ばしや回旋を行う。

上体の
開きが浅い

NG

176

ローテーショナル・スクワット

**一緒にやるべき
ストレッチ&エクササイズ**　P159　P165

目安:左右各10回以上

立った状態で、脚をハの字に開く

クイックな動きで
体重移動

ひざは
正面に
向ける

片方のひざを曲げ、上体を支える

この動作感覚が大事

切り返しの負荷を股関節にのせる

切り返す動きでは、股関節を上手に使えることが、高いパフォーマンスの発揮やケガの予防に重要。前後にしか曲がらないひざよりも、大きく動く股関節を使いたい。すねを地面に刺すような感覚を持ちながら、切り返しの動作を丁寧に確認する意識で行うとよい。

**ひざが外に
開きすぎる**

ニーリング・クワッド

一緒にやるべき
ストレッチ&エクササイズ　　P092　P094　P096

目安:5回以上

ひざ立ちの状態で、
腕を胸の前でクロスさせる

腰は反らさず、
ひざから頭を
真っ直ぐに

ひざを曲げ、
上体を後方へ倒していく

この**動作感覚**が大事

脚と体幹のつながりを強化

骨盤から腹にテンションをつくり、連動させるエクササイズ。投げる動作で全身を使うために必要な、上半身と下半身の連動を切らさずに振りかぶる姿勢をつくりやすくなる。そのため、腰は反らさず、ひざから頭を真っ直ぐにすることがポイントになる。

腰を反ってしまう

縦書き左端: 投げる・振り下ろす / ニーリング・クワッド / 投げる・振り下ろす / インチワーム

インチワーム

一緒にやるべき
ストレッチ&エクササイズ

P104　P105　P125　P151

目安:5回以上

手を前に出す

背中を
丸める

脚、腕を
伸ばす

足と手を床につける

できるところまで進めたら、
逆の順序で **1** のポジションに
戻していく

**床すれすれのポジションまで
いけるとベスト**

**手を歩かせるように、
左右交互に前に進めていく**

この動作感覚が大事

腕と体幹のつながりを強化

投げる動作で必要になる、体幹と腕をつな
げるためのエクササイズ。振りかぶる際に
体幹と腕のつながりが切れ、振り下ろしの
力が弱くなるのを防ぐことが目的。戻す動
作も重要なため、繰り返し行いたい。強度
が厳しい場合は、ひざを床につけるとよい。

ひざをつくと
低強度Ver.

ヒール・トゥ・バット

**一緒にやるべき
ストレッチ&エクササイズ** P092　P094　P104　P172

目安: 左右各15秒以上

立った状態で壁に片手をつく

ひざから頭が
真っ直ぐに
なるように

ついた手と
逆の足の
つま先を
手で持つ

上体を前に傾ける

軸脚のひざは
やや曲げる

この動作感覚が大事

持ち上げるスタート姿勢を
つくりやすくする

この種目では、上げている脚の大腿四頭筋、軸脚の
ハムストリングスがストレッチされる。持ち上げる
動作では、腹圧をかけながら脚（股関節）を動かす
ことが重要だが、その姿勢を保つために有効だ。ひ
ざから頭を一直線にしたままで倒すのがポイント。

上体が反るだけ

NG

持ち上げる

ヒール・トゥ・バット

持ち上げる

デッドバグ-コアエンゲージ

デッドバグ-コアエンゲージ

**一緒にやるべき
ストレッチ&エクササイズ**　　P150　P151　P152　P163

目安: 左右各10回以上

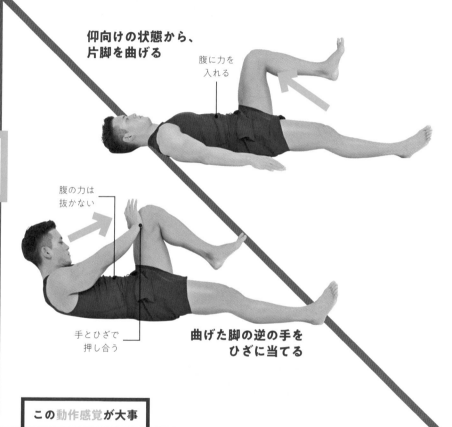

**仰向けの状態から、
片脚を曲げる**

腹に力を
入れる

腹の力は
抜かない

手とひざで
押し合う

**曲げた脚の逆の手を
ひざに当てる**

この動作感覚が大事

腹圧を高めて手足を連動させる

持ち上げる動作では、腹圧が高まらずに脊柱をガチガチに固めて上げてしまうエラーが起こりやすい。腹部だけでなく、手足の連動で体幹が安定するよう意識づけしたい。脊柱に高い負荷のかかる柔道や相撲、レスリングで効果的であるほか、デッドリフトでも有効。

反対側の脚が
浮いてしまう

ハードロール

一緒にやるべき
ストレッチ&エクササイズ　　P126　P151　P152

目安:左右各5回以上

仰向けの状態から、対角にある腕と脚を曲げる

ひじとひざをつける

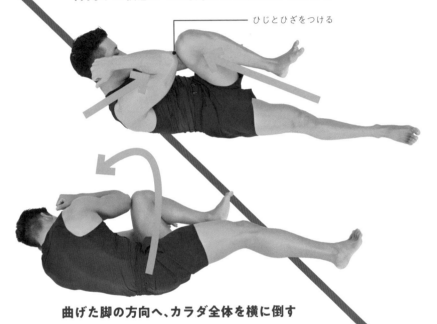

曲げた脚の方向へ、カラダ全体を横に倒す

この**動作感覚**が大事

厳しい体勢の中でも瞬時に腹圧をかける

ボディコンタクトで姿勢が崩れても体幹を安定さ
せるためのエクササイズ。接触時には、強い衝撃
の中でも体幹に再び力を入れ、素早く次の動作に
つなげる必要がある。この種目では、ひじとひざ
を離さずに転がることで、体幹をガチガチに固め
るのではなく、安定した状態をつくっていく。

ひじとひざが
離れてしまう

NG

クックヒップリフト

**一緒にやるべき
ストレッチ&エクササイズ**　P089　P091　P140　P146

目安：左右各10回以上

**仰向けの状態で
ひざを曲げ、
つま先を上げる**

片脚のひざを
両手で押さえ、
太ももを引きつける

かかとで押していく

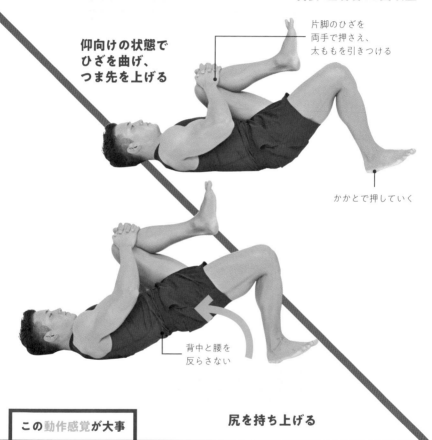

背中と腰を
反らさない

この動作感覚が大事

尻を持ち上げる

ブレない体幹をつくり上げる

接触時に多い、体幹がブレて反り腰になって
しまうのを防ぐエクササイズ。片脚しか使え
ない状態で、尻での踏ん張りを高めていく。
そのため、ひざから肩までを一直線にして行
いたい。接触直後にカラダを前に持っていく
のに役立つほか、腰のケガを防ぐのにも有効。

ひざを押しながら
上げると
強度アップ

チェストオープナー・ランバーロックポジション

一緒にやるべき
ストレッチ&エクササイズ
P131　P145　P166

目安:左右各10回以上

逆の腕を後ろにまわし、
手を腰につける

**正座の状態になり、
脚を肩幅程度に開く**

肩、ひじが
上を向くように

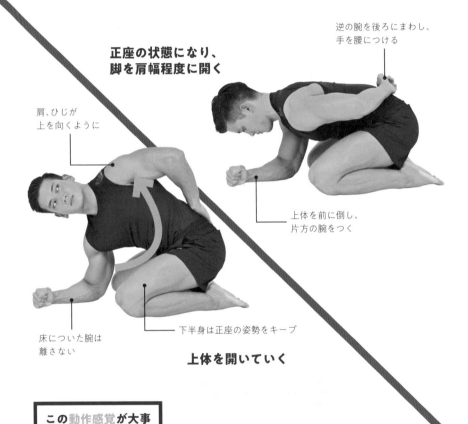

上体を前に倒し、
片方の腕をつく

床についた腕は
離さない

下半身は正座の姿勢をキープ

上体を開いていく

この動作感覚が大事

腰を固定し、胸で回旋する

野球のバッティングやゴルフのスウィングなどでよく「腰をまわせ」と言われるが、解剖学的に体幹の回旋のメインは胸椎。正座の姿勢で腰椎を固め、胸椎を捻る動きにフォーカスする。下半身をぶらさずに、上半身をダイナミックに動かすのに役立つ。

あごを上げ、
腰を浮かせる

184

打つ・突く

チェストオープナー・ランバーロックポジション

打つ・突く

ハーフニーリング・アイソホールド・プッシュプル

ハーフニーリング・アイソホールド・プッシュプル

**一緒にやるべき
ストレッチ&エクササイズ** P136 P145

目安:左右各5回以上

壁に対して正面を向き、
片ひざ立ちになる

押した状態を
2〜3秒キープ

上体を捻る

後ろ脚側の拳を壁につけて押し、
反対側のひじを引く

この動作感覚が大事

バランスをとりながら、上体を回旋

打つ・突く動作で必要になるのが、下半身でバランスをとりながら上半身を捻る動き。片ひざ立ちになることで、より股関節を意識して地面を踏むことが可能になる。壁とカラダの距離は、上体を捻って手が壁につく程度がベスト。股関節とひざを90度に曲げてキープしたい。

肩が上がり
体幹の捻りが
不十分

トライポッド・トランクローテーション -コントララテラル

**一緒にやるべき
ストレッチ&エクササイズ** P144　P145

目安:左右各10回以上

脚を前後に開き、
前のひざを曲げ、
後ろの脚は伸ばす

前に出した脚と
逆の手を床につけ、
バランスをとる

ひざを床につける

顔を上に
向ける

床についた手足の
位置は固定

前脚側の腕を上げ、胸を開く

この動作感覚が大事

脚と腕をクロスで伸ばしていく

サッカーでボールを蹴る際、蹴る脚と対角側
の腕をクロスさせるように伸ばす。そのポジ
ションをつくりやすくするのがこの種目。後
ろの脚を伸展させた状態で、上体を捻り、胸
を開いていくことが目的だ。手足でしっかり
とバランスをとり、上体だけを動かそう。

手、足裏、ひざの
3点でしっかり支える

クロスモーション・エクササイズ

**一緒にやるべき
ストレッチ&エクササイズ**　　P121　P144　P153

目安:左右各10回以上

腕を開き、
軸脚側の腕を
上げる

片脚で立ち、上げた脚を後ろに振る

両腕が一直線に
なるように

腹に力を
入れる

**脚を前に出しながら、
上げた腕を振り下ろす**

この**動作感覚**が大事

あごが
上がって
反り返る

カラダ全体のクロスラインを連動させる

前頁で広げた腕と脚のクロスラインをつなぎ、連動させるための種目。振りかぶった際に腹圧が抜けてしまうのを防ぐため、腹に力を入れつづけることを意識する。対角にある腕と脚のラインを感じながら、勢いよく近づけるとよい。全身でダイナミックにボールを蹴る力を養える。

ウィンギング

一緒にやるべき ストレッチ&エクササイズ P072 P078 P123 P124

目安:10回以上

手のひらは外に
向けたまま

手のひらを
外に向ける

手のひらを
顔に向ける

ひじを伸ばす
逆の順序で
1のポジションに戻す

**ひじの高さは
固定したまま、
腕を開く**

**立った状態で、
ひじを曲げ、
前腕同士をつける**

この動作感覚が大事

肩まわりのさまざまな動作を円滑化

水泳で必要な、肩まわりの柔軟な動作を行う種目。
肩甲骨と胸郭の閉じ開き、肩関節の屈曲・伸展、
外転・内転を、一つ一つ引き出していく。**1**〜**3**を
流しながらではなく、各ステップで止めるように
行うとよい。肩ではなく根本の肩甲骨から腕をま
わす効果を狙う。

常に肩を上げて
背中を丸めてしまう

NG

クラブリーチ

**一緒にやるべき
ストレッチ&エクササイズ**  P137　P144　P145

目安:左右各10回以上

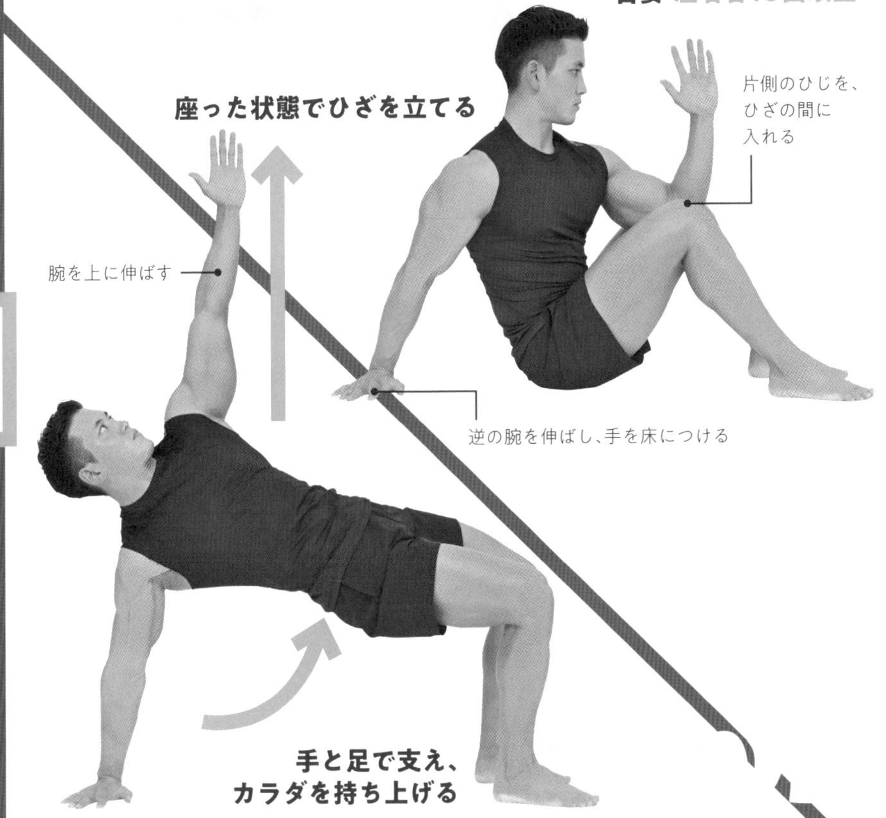

座った状態でひざを立てる

片側のひじを、
ひざの間に
入れる

腕を上に伸ばす

逆の腕を伸ばし、手を床につける

手と足で支え、
カラダを持ち上げる

この動作感覚が大事

全身をダイナミックに動かす

胸を開き、腕を伸ばす動きを、脚の
動作と連動させるエクササイズ。全
身をたわませながら、腕を動かす、
しなやかな水泳の動きを目指す。全
身を連動させながら、脚から頭をダ
イナミックに動かしたい。

腕が軸側に
傾いて
しまう

左側縦書き：泳ぐ　ウィンギング　泳ぐ　クラブリーチ

筋トレの質を高めるのは、何よりも楽しいこと

『世界一細かすぎる筋トレ ストレッチ図鑑』、いかがでしたでしょうか。『世界一細かすぎる筋トレ図鑑』『世界一細かすぎる筋トレ栄養事典』につづき、何よりも〝細かさ〟を重視したのは、読者の皆さんが自身のニーズや悩みに合わせながら、種目を〝選ぶ〟ことを優先したかったからです。そのため前作までと同様、〝辞書〟や〝図鑑〟のような一冊を目指しました。

このコンセプトは、多くの書籍やSNSに見られる「AよりBをしたほうがいい」「○○だけでOK」といった思考の放棄ではなく、根本的な理論と網羅的な種目を提示することで、読者自身にカスタマイズをしてほしいという思いから始まっています。ボディメイクの世界は奥深く、目指す方向は人それぞれです。日々刻々とカラダも変わるため、「今日、何をすべきか」に正解はありません。特に一定レベルに達したトレーニーは、成長の停滞をはじめ、数々の障壁と出会うことでしょう。一つ一つ壁を乗り越えながらゴールに近づくための〝コツ〟のようなものはなく、

藤松卓矢（ふじまつ・たくや）

第2章、第3章部位別ストレッチ図鑑上半身＆下半身を担当。
東京柔道整復専門学校卒業、大手ストレッチ専門店、接骨院、ACTIVE RESET 溝の口にて従事した後、株式会社FUVEを設立。現在は株式会社FUVE代表取締役、FUVE BODY登戸にて店舗責任者を務める。柔道整復師の資格を持つ。
2023年全日本社会人レスリング選手権大会フリースタイル74kg級第3位入賞。2023年天皇杯全日本レスリング選手権大会フリースタイル70kg級出場。

八角卓克（はっかく・たかよし）

第5章のスポーツ動作別を担当。
日本体育大学大学院修了（体育科学修士）、株式会社LIFE BUILDINGフィットネス総合研究所上席研究員、日本健康医療専門学校などで講師を務める。2022年に設立された日本プロパーソナルトレーニング指導者協会の理事を務める。NSCA-CSCS（全米ストレングス＆コンディショニング協会認定ストレングス＆コンディショニングスペシャリスト）、JSPO-AT（日本スポーツ協会公認アスレティックトレーナー）、柔道整復師の資格を持つ。第51回 全日本社会人ボディビル選手権新人の部　準優勝。

むしろ潜在的な原因に気がつけて、その解決策を考える知識と思考力が大切なのです。それはベンチプレスのフォームかもしれませんし、糖質や脂質の過不足かもしれません。そしてその解決には、コレクティブ・エクササイズが必要なのかもしれません。無限の可能性から気づきを得るための体系的な知識、そしてそれらを基に自身の現状を把握して解決策を構築できる思考力が、あなたを助けてくれるのです。

試行錯誤は地道なものですが、ふとした気づきによって成長を体感できる瞬間には、多大なる喜びを得られます。さらにそれがトリガーになり、次なる成長フェーズに移行することも、皆さんはこれから経験していくはずです。

何よりも、知識を収集し、思考し、実践し、振り返りながら改善していくプロセスは、それ自体が楽しいものです。楽しく、長く、健康にボディメイクを続けるためには、運動、栄養、休養のどれが欠けてもいけません。本書がきっかけになり、あなたの人生がより豊かになることを、心から願っています。

岡田　隆

執筆

Team
Bazooka Okada

阿部健太郎（あべ・けんたろう）

第4章、第5章トレーニング別「必須可動域」とスポーツ動作別を担当。
早稲田大学大学院修了（スポーツ科学修士）、株式会社 LIFE BUILDING 事業統括部長。
NSCA-CSCS（全米ストレングス＆コンディショニング協会認定ストレングス＆コンディショニングスペシャリスト）、JSPO-AT（日本スポーツ協会公認アスレティックトレーナー）、柔道整復師の資格を持つ。2016 年から 2020 年まで早稲田大学ラグビー蹴球部をサポート。アスリートのケガや不調の改善、より高いパフォーマンスを出すための日々のコンディショニングを多くのクライアントに提供している。

岡田隆 Okada Takashi

日本体育大学 教授／ウィンゲート大学客員研究員／博士（体育科学）／理学療法士／
ナチュラルプロボディビルダー／柔道全日本男子チーム体力強化部門長（2016リオ五輪、2021東京五輪）／
骨格筋評論家／バズーカ岡田

トレーニングは「心と身体を鍛えるもの」をポリシーに、トップアスリートから一般の方まで、さまざまなフィールドでそれぞれに適した身体づくりを提案・指導している。

1980年、愛知県出身。日本体育大学卒業、日本体育大学大学院修了、東京大学大学院単位取得満期退学。厳しいトレーニングと減量から成るボディビルは、身体だけでなく心も鍛えるとして学生指導の核に掲げており、日本体育大学バーベルクラブの顧問を務めている。自身もウエイトトレーニングの実践者として2014年にボディビル競技に初挑戦。2023年4月からは自身の研究を深化させるべく、イスラエルに拠点を移して活動（同年10月に緊急帰国）。同月同地にて開催された『WNBF（World Natural Bodybuilding Federation＝世界ナチュラルボディビルディング連盟）ミスターイスラエルボディビル選手権』で総合優勝を飾る。続いて11月アメリカ・シアトルにて開催された『WNBFプロボディビル世界選手権』に出場し、プロマスターズカテゴリーで優勝。

また実践と学術研究から得られた実践的・科学的知見を実際に享受できる場として、パーソナルジム「STUDIO BAZOOKA」やボディケアサロン「ACTIVE RESET」を展開。

2021年まで柔道全日本男子チーム体力強化部門長を務め、2016年リオデジャネイロオリンピックでは史上初全階級メダル制覇、2021年東京オリンピックでは史上最多金メダル5個獲得に貢献。

『除脂肪メソッド』（ベースボール・マガジン社）、『最高の除脂肪食』（ポプラ社）、『世界一細かすぎる筋トレ図鑑』『世界一細かすぎる筋トレ栄養事典』（どちらも小学館）など著書多数。YouTube『新・バズーカ岡田チャンネル』『バズーカ岡田の筋トレラボ』でも情報発信中。

Staff

企画・編集／千葉慶博　取材・構成／相澤優太
カバーデザイン／渡邊民人（TYPEFACE）　本文デザイン／谷関笑子（TYPEFACE）
イラスト／中村知史　撮影／蔦野裕　モデル協力／五味原領　校正／聚珍社
執筆／Team Bazooka Okada（阿部健太郎、藤松卓矢、八角卓克）

世界一細かすぎる筋トレ
ストレッチ図鑑

2024年4月2日　初版第1刷発行

著　者　岡田隆
発行者　石川和男
発行所　株式会社　小学館
　　　　〒101-8001　東京都千代田区一ツ橋2-3-1
　　　　電話　（編集）03-3230-5125
　　　　　　　（販売）03-5281-3555
印刷所　TOPPAN株式会社
製本所　TOPPAN株式会社

© Takashi Okada 2024 Printed in Japan
ISBN 978-4-09-311559-9

＊制作／松田貴志子・斉藤陽子　販売／中山智子　宣伝／鈴木里彩・秋山優　編集／竹下亜紀